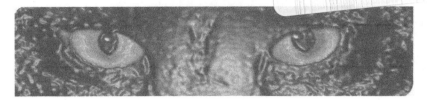

NIST 800-171: "Más allá del Departamento de Defensa"

Ayudando con Nueva Federal en todo Requisitos de seguridad cibernética

Incluye el "Lista de verificación de cumplimiento" integral

Mark A. Russo
CISSP-ISSAP, CISO

DEDICACIÓN

Este libro está dedicado a la seguridad cibernética de hombres y mujeres que protegen y defienden los Sistemas de Información de esta gran nación.

Esto también está dedicado a mi familia que han sido de apoyo de mis esfuerzos para sumergirse en la escritura no sólo como un pasatiempo, sino un llamado a hacer del mundo un lugar mejor y más seguro.

MATERIA LEGAL

cualquier registrada [®] *componente del sistema, hardware o software llamado identificado sólo es para fines educativos y no suponen ninguna promoción del producto. Los lectores deben ejercer su debida diligencia y llevar a cabo la debida investigación de mercado para identificar sus productos necesarios de acuerdo con sus políticas y normas de la compañía o agencia.*

NIST 800-171: "Más allá del Departamento de Defensa"

Tabla de contenido

NIST 800-171 Aplicabilidad a las futuras adjudicaciones de contratos 13

Esperanzas de heredar 13

Consecuencias del incumplimiento 15

El curso probable: Cláusula FAR 52,204 a 21 16

¿Cuál es la prueba de la postura mínima de seguridad cibernética de una empresa? 17

¿Por qué seguir una expansión de normas de seguridad cibernética con sede en NIST? 20

La Oficina de Administración de Personal Incumplimiento 20

Extranjera ciberamenazas 21

Departamento de Defensa (DOD) 21

DOD ciberseguridad que sufre es grave 23

La gente-Proceso-Tecnología (PPT) Modelo 25

Más Acerca de artefactos y POAMs 26

Todas las cosas consideradas 27

¿Como usar este libro? 27

Entrar en un modo de pensar la seguridad cibernética 27

La adaptación de salida Controla Posibilidades 28

Control de acceso (AC) 29

3.1.1 Limitar el acceso al sistema de información a los usuarios autorizados, procesos que actúan en nombre de los usuarios autorizados, o dispositivos (incluyendo otros sistemas de información)..32

3.1.2 Limitar el acceso al sistema de información de los tipos de transacciones y funciones que los usuarios autorizados están autorizados a ejecutar. 33

3.1.3 controlar el flujo de CUI fluye las autorizaciones aprobados. 33

3.1.4 separar los deberes de las personas para reducir el riesgo de la actividad malévola y sin colusión..34

3.1.5 emplean el principio de privilegio mínimo, incluso para las funciones de seguridad específicas y las cuentas con privilegios. 35

3.1.6 utilizar cuentas no privilegiados o roles cuando el acceso funciones no de seguridad. 35

3.1.7 Evitar que los usuarios no privilegiados de la ejecución de funciones privilegiadas y auditar la ejecución de tales funciones. 36

3.1.8 Límite de intentos fallidos de inicio de sesión. 37

3.1.9 proporcionar privacidad y seguridad de las comunicaciones compatibles con las normas aplicables CUI. 37

3.1.10. Utilizar el bloqueo de sesión con pantallas de patrones de ocultación para impedir el acceso / visualización de datos después de un período de inactividad. 38

3.1.11. Terminar (automáticamente) una sesión de usuario después de una condición definida. 39

3.1.12 Monitorear y controlar sesiones de acceso remoto. 40

3.1.13 Emplear mecanismos criptográficos para proteger la confidencialidad de las sesiones de acceso remoto. 40

3.1.14 acceso remoto a través de la Ruta puntos de control de acceso gestionados. 41

3.1.15 Autorizar la ejecución remota de comandos privilegiados y el acceso remoto a la información relevante para la seguridad. 42

3.1.16 acceso inalámbrico Autorizar antes de permitir este tipo de conexiones. 42

3.1.17 Proteger el acceso inalámbrico mediante la autenticación y el cifrado. 43

3.1.18. Conexión de control de los dispositivos móviles. 43

3.1.19. CUI cifrar en los dispositivos móviles. 43

3.1.20 Verificar y conexiones de control / límite y uso de los sistemas externos. 44

3.1.21 Límite uso de dispositivos portátiles de almacenamiento de organización en los sistemas externos. 44

3.1.22 Control de CUI publicadas o procesa en sistemas accesibles públicamente. 45

CONCIENCIA Y FORMACIÓN (AT) 46

3.2.1 garantizar que los gestores, administradores de sistemas y usuarios de sistemas de información de la organización sean conscientes de los riesgos de seguridad asociados con sus actividades y de las correspondientes políticas, normas y procedimientos relacionados con la seguridad de los sistemas de información de la organización. 47

3.2.2 asegurar que el personal de la organización reciban la formación adecuada para llevar a cabo sus funciones y responsabilidades relacionadas con la seguridad de la información asignada. 47

3.2.3 Impartir capacitación concienciación sobre la seguridad en el reconocimiento y la presentación de informes de indicadores potenciales amenazas internas..................................48

Auditoria y de responsabilidad (AU) 49

3.3.1 Crear, proteger y conservar los registros de auditoría de sistemas de información en la medida necesaria para permitir el seguimiento, el análisis, la investigación y la presentación de informes de la actividad del sistema de información ilegal, no autorizada o inapropiada. 50

3.3.2 Asegurar que las acciones de los usuarios del sistema de información individuales se pueden rastrear de forma única a los usuarios, para que puedan ser considerados responsables de sus acciones. 51

3.3.3 Revisión y actualización auditados eventos. 52

3.3.4 alerta en el caso de un fallo proceso de auditoría. 52

3.3.5 revisión de auditoría, análisis y procesos de información estarán correlacionados para investigación y respuesta a las indicaciones de actividad inapropiada, sospechoso, o inusuales. ..52

3.3.6 proporcionar una reducción de auditoría y generación de informes para apoyar el análisis y presentación de informes bajo demanda..53

3.3.7 proporcionar una capacidad de sistema de información que compara y sincroniza los relojes internos del sistema con una fuente autorizada para generar marcas de tiempo para los registros de auditoría..53

3.3.8 información y la auditoría de auditoría Protect herramientas de acceso no autorizado, modificación y eliminación..54

3.3.9 Límite de gestión de la funcionalidad de auditoría a un subconjunto de usuarios privilegiados. 54

Configuration Management (CM) 55

3.4.1 Establecer y mantener configuraciones de referencia e inventarios de los sistemas de información de la organización (incluyendo hardware, software, firmware y documentación) a través de los respectivos ciclos de vida de desarrollo de sistemas. 55

3.4.2 Establecer y hacer cumplir los valores de configuración de seguridad de los productos de tecnología de la información empleadas en los sistemas de información de la organización. 56

3.4.3 Pista, revisar, aprobar / desaprobar, y cambios de auditoría de sistemas de información...56

3.4.4 Analizar el impacto en la seguridad de los cambios antes de su implementación...............57

3.4.5 definir, documentar, aprobar y hacer cumplir las restricciones de acceso físicos y lógicos asociados con cambios en el sistema de información. 57

3.4.6 emplean el principio de menor funcionalidad mediante la configuración del sistema de información para proporcionar capacidades únicas esenciales. 58

3.4.7 restringir, desactivar, y evitar el uso de programas, funciones no esenciales, puertos, protocolos y servicios. 58

3.4.8 Aplicar negar-por-excepción de orden (lista negra) para evitar el uso de software no autorizado o negar todo, permitir-por-excepción de orden (lista blanca) para permitir la ejecución de software autorizado. 59

3.4.9 Control y monitor de software instalado por el usuario. 59

Identificación y autenticación (IA) 61

3.5.1 Identificar los usuarios del sistema de información, procesos que actúan en nombre de los usuarios o dispositivos. 62

3.5.2 Autenticación (o verificar) las identidades de los usuarios, procesos o dispositivos, como un requisito previo para permitir el acceso a los sistemas de información de la organización. 62

3.5.3 Uso de autenticación de factores múltiples para el acceso local y la red para cuentas privilegiadas y para el acceso a la red a las cuentas no privilegiadas. 63

mecanismos de autenticación de repetición resistente **3.5.4** Emplear para el acceso a la red a cuentas privilegiadas y no privilegiados. 63

3.5.5 evitar la reutilización de identificadores para un período definido. 63

3.5.6 identificadores desactivar después de un período definido de inactividad. 64

3.5.7 imponer una complejidad mínima de la contraseña y el cambio de los caracteres cuando se crean nuevas contraseñas. 64

3.5.8 Prohibir reutilización de contraseñas para un número determinado de generaciones. 65

3.5.9 Permitir el uso de contraseña temporal para los inicios de sesión del sistema con un cambio inmediato a una contraseña permanente. 65

3.5.10 almacenar y transmitir solamente encriptada representación de contraseñas. 65

3.5.11. retroalimentación oscura de la información de autenticación. 66

INCIDENTE de respuesta (IR) 67

3.6.1 Establecer una capacidad de manejo de incidente de funcionamiento para los sistemas de información de organización que incluye la preparación adecuada, la detección, el análisis, la contención, la recuperación y las actividades de respuesta de usuario. 69

3.6.2 Pista, documentos, e informe de los incidentes a los funcionarios apropiados y / o las autoridades tanto internos como externos a la organización. 71

3.6.3 Prueba de la capacidad de respuesta a incidentes de organización. 72

MANTENIMIENTO (MA) 73

3.7.1 realizar el mantenimiento de los sistemas de información de la organización. 73

3.7.2 Proporcionar un control eficaz de las herramientas, técnicas, mecanismos y personal utilizado para llevar a cabo el mantenimiento del sistema de información. 74

3.7.3 Asegurar el equipo eliminado de mantenimiento fuera de las instalaciones es limpiada de cualquier CUI. 74

3.7.4 Verificar medios que contienen programas de diagnóstico y de prueba para el código malicioso antes de utilizar los medios de comunicación en el sistema de información. 74

3.7.5 requieren autenticación de factores múltiples para establecer sesiones de mantenimiento no locales a través de conexiones de red externas y poner fin a este tipo de conexiones no local cuando el mantenimiento se ha completado. 75

3.7.6 Supervisar las actividades de mantenimiento de personal de mantenimiento sin autorización de acceso requerido. 75

MEDIOS DE PROTECCIÓN (MP) 77

3.8.1 Proteger (es decir, controlar físicamente y almacenar de forma segura) medios sistema de información que contiene CUI, tanto en papel como digital. 78

Acceso **3.8.2** Limitar a CUI en medios sistema de información a los usuarios autorizados. 78

3.8.3 Desinfectar o destruir la información que contienen los medios de comunicación del sistema CUI antes de su eliminación o liberación para su reutilización. 79

3.8.4 Media Mark con marcas CUI necesarias y las limitaciones de distribución. 80

3.8.5 Control de acceso a medios que contienen CUI y mantener la responsabilidad para los medios durante el transporte fuera de las áreas controladas. 80

3.8.6 implementar mecanismos criptográficos para proteger la confidencialidad de CUI almacenada en medios digitales durante el transporte a menos que de otra manera protegida por medidas de seguridad físicas alternativas. 81

3.8.7 controlar el uso de medios extraíbles en los componentes del sistema de información. 81

3.8.8 Prohibir el uso de dispositivos portátiles de almacenamiento cuando tales dispositivos no tienen dueño identificable. 82

3.8.9 proteger la confidencialidad de CUI copia de seguridad en los lugares de almacenamiento. 82

Personal de seguridad (PS) 83

3.9.1 Pantalla individuos antes de autorizar el acceso a los sistemas de información que contienen CUI. 83

3.9.2 Asegúrese de que CUI y sistemas de información que contienen CUI están protegidos durante y después de las acciones de personal tales como terminaciones y transferencias. 84

PROTECCIÓN FÍSICA (PP) 85

3.10.1 Limitar el acceso físico a los sistemas de organización de la información, el equipo y los respectivos entornos operativos a las personas autorizadas. 85

3.10.2 proteger y supervisar la instalación física y la infraestructura de apoyo a esos sistemas de información...86

3.10.3 acompañar a los visitantes y los visitantes monitor de actividad....................................86

3.10.4 Mantener registros de auditoría de acceso físico..86

3.10.5 dispositivos de acceso físico de control y gestionar..86

3.10.6 Hacer cumplir las medidas de salvaguardia para CUI en los sitios de trabajo alternativos (por ejemplo, sitios de trabajo a distancia)...87

Evaluación del riesgo (AR) 88

3.11.1 evaluar periódicamente la riesgo para las operaciones de organización (incluyendo misión, funciones, imagen o reputación), activos de la organización, y los individuos, resultante de la operación de los sistemas de información de la organización y el procesamiento, almacenamiento o transmisión asociada de CUI..89

3.11.2 Analizar en busca de vulnerabilidades en el sistema de información y aplicaciones periódicamente y cuando se identifican nuevas vulnerabilidades que afectan al sistema...........90

3.11.3 vulnerabilidades remediar, de acuerdo con las evaluaciones de riesgo...........................91

EVALUACIÓN de seguridad (SA) 92

3.12.1 Evaluar periódicamente los controles de seguridad en los sistemas de información de la organización para determinar si los controles son efectivos en su aplicación...........................92

3.12.2 Desarrollar e implementar planes de acción diseñado para corregir las deficiencias y reducir o eliminar las vulnerabilidades de los sistemas de información de la organización..........93

3.12.3 controles del monitor de seguridad del sistema de información de manera continua para garantizar la eficacia permanente de los controles..93

1.12.4   Desarrollar, documentar y actualizar periódicamente los planes del sistema de seguridad que describen los límites del sistema, los entornos de sistemas de funcionamiento, cómo se implementan los requisitos de seguridad, y las relaciones con o conexiones a otros sistemas. 93

SISTEMA DE COMUNICACIONES Y PROTECCIÓN (SC) 95

3.13.1 monitor, controlar y proteger las comunicaciones de la organización (es decir, la información transmitida o recibida por los sistemas de información de la organización) en los límites externos y los límites internos clave de los sistemas de información...............................95

3.13.2 Emplear diseños arquitectónicos, técnicas de desarrollo de software, y los principios de ingeniería de sistemas que promuevan la seguridad de la información eficaz dentro de los sistemas de información de la organización...96

3.13.3 funcionalidad de usuario independiente de la funcionalidad de gestión de sistema de información...96

3.13.4 evitar la transferencia de información no autorizada e involuntaria a través de recursos compartidos del sistema..97

3.13.5 Implementar subredes para los componentes del sistema de acceso público que están separadas físicamente o lógicamente de redes internas. 97

3.13.6 denegar el tráfico de comunicaciones de red por defecto y permitir el tráfico de comunicaciones de red por excepción (es decir, negar todo, permiso por excepción). 97

3.13.7 dispositivos remotos Evitar que establecer simultáneamente conexiones no remotas con el sistema de información y comunicación a través de alguna otra conexión a los recursos en redes externas. 97

3.13.8 Implementar mecanismos criptográficos para evitar la divulgación no autorizada de CUI durante la transmisión a no ser que de otra manera protegida por medidas de seguridad físicas alternativas. 98

3.13.9 terminar conexiones de red asociadas con sesiones de comunicaciones al final de las sesiones o después de un período definido de inactividad. 98

3.13.10 Establecer y gestionar las claves criptográficas para la criptografía empleado en el sistema de información. 98

3.13.11 Emplear la criptografía FIPS validado cuando se utiliza para proteger la confidencialidad de CUI. 100

3.13.12 Prohibir activación remota de los dispositivos informáticos de colaboración y proporcionar indicación de dispositivos en uso a los usuarios presentes en el dispositivo.........100

3.13.13 Control y seguimiento de la utilización de códigos móviles. 101

3.13.14 Control y supervisar el uso de Voz sobre Protocolo de Internet tecnologías (VoIP). 101

3.13.15 proteger la autenticidad de las sesiones de comunicaciones. 101

3.13.16 proteger la confidencialidad de CUI en reposo. 102

Sistema y la información de integridad (SI) 103

3.14.1 identificar, informar y corregir información y sistemas de información fallas en el momento oportuno. 103

3.14.2 proporcionar protección contra código malicioso en lugares apropiados dentro de los sistemas de información de la organización. 104

3.14.3 Monitor de alertas de seguridad de sistemas de información y avisos y tomar acciones apropiadas en respuesta. 106

3.14.4 Actualizar mecanismos de protección de código malicioso cuando las nuevas versiones están disponibles. 107

3.14.5 Realizar análisis periódicos del sistema de información y las exploraciones en tiempo real de archivos de fuentes externas como archivos se descargan, abierto o ejecutados..................107

3.14.6 supervisar el sistema de información, incluyendo el tráfico de comunicaciones entrantes y salientes, para detectar los ataques y los indicadores de posibles ataques. 108

3.14.7 Identificar el uso no autorizado del sistema de información. 108

CONCLUSIÓN 109

APÉNDICE A - referencias pertinentes 111

ANEXO B - Glosario de Términos y relevantes 112

ANEXO C - Gestión del ciclo de vida de un Poam 117

APÉNDICE D - Monitoreo Continuo 121

    Monitorización continua - Primera Generación 125

    Puntos finales 126

    Herramientas de seguridad...126

    Controles de seguridad..127

    Información de Seguridad y Gestión de Eventos (SIEM) Soluciones 128

    próximas generaciones...129

    Notas de la "Vigilancia continua: un análisis más detallado"..131

Apéndice E - NIST 800-171 Lista de verificación de cumplimiento 133

    Control de Acceso (AC)..133

    Concienciación y formación (AT) 136

    Auditoría y Responsabilidad (AU)...137

    Gestión de la Configuración (CM) 139

    La identificación y autenticación (IA) 141

    Respuesta a incidentes (IR) 144

    Mantenimiento (MA)..146

    Protección medios (MP)..147

    Personal de Seguridad (PS) 149

    Seguridad Física (PP)..150

    Evaluaciones de riesgo (AR) 152

    Las evaluaciones de seguridad (SA) 154

    Sistemas y Comunicaciones de Protección (SC) 155

    Sistemas y Integridad de la Información (SI) 158

Sobre el Autor...159

EPÍLOGO 161

NIST 800-171 Aplicabilidad a las futuras adjudicaciones de contratos

Esperanzas de heredar

A finales de 2018, la expectativa es que los Estados Unidos (US) gobierno federal ampliará el Instituto Nacional de Estándares y Tecnología (NIST) Publicación Especial (SP) 800-171, revisión 1, Protección de la información sin clasificar en sistemas de información y organizaciones no federales de seguridad cibernética publicación técnica se aplicará a la totalidad del gobierno federal. Se requiere que cualquier empresa, negocio o agencia, el apoyo del Gobierno de Estados Unidos es totalmente compatible con el NIST 800-171 a más tardar en la fecha de adjudicación del contrato. El Reglamento Federal de Adquisiciones (FAR) Caso del Comité # 2017-016 tenía fecha original de suspenso del mes de marzo de 2018; esa fecha ha ido y venido. La última y esperada marco de tiempo para la decisión final se ha movido a un marco de tiempo deseado noviembre de 2018.

Mientras que las publicaciones del NIST 800 de la serie de ciberseguridad dicen una empresa "que" se requiere, que no necesariamente ayudan al contar "cómo" para cumplir con los requisitos de control de seguridad 110 en el NIST 800-171. El número de controles de seguridad puede reducir aún más aumento en base a las amenazas reales o percibidos a una agencia federal. Las empresas deben confirmar los requisitos de control con su respectiva Oficina contrato.

Este libro se creó para ayudar a los propietarios de pequeñas y las grandes empresas en el cumplimiento de la exigencia de seguridad cibernética contratación más reciente. Se pretende ayudar a las empresas y su tecnología de la información (IT) personal sobre cómo abordar mejor los retos de satisfacer el 2016 Instituto Nacional de Estándares y Tecnología (NIST) 800-171, revisión 1. Esta incluye además el cumplimiento de la Adquisición Federal Reglamento (FAR) cláusula de 52,204 a 21 y su suplemento compañera del Departamento de Defensa, el suplemento Reglamento Federal de Adquisiciones de Defensa (DFARS), y su cláusula específica, 252,204-7.012.

Además, este libro está dedicado y creado para ofrecer a las empresas y su personal de TI una puesta en cuestión de fondo. Está diseñado para caminar a través de los controles de seguridad en los detalles suficientes para asegurar la autorización para operar y hacer negocios, bienes y servicios regulares, con el gobierno federal de Estados Unidos. Este enfoque se ofrece en probable la anticipación de un requisito a nivel federal para todas las empresas que tratan de mostrar una representación "de buena fe" de cumplir con los nuevos requisitos del NIST 800-171.

NIST 800-171 aplica a contratistas y subcontratistas. Hay tres obligaciones contractuales básicas:

1. "Salvaguardar adecuadamente" Información Sin clasificación controlada (CUI), y si se trabaja con el Departamento de Defensa (DOD), cubierto / Crítico de

Información de Defensa (CDI).

2. Proporcionar oportuna de informes al gobierno cuando se detecte algún incumplimiento de la red de TI ciberincidentes; típicamente, dentro de las 72 horas o más pronto.

3. Si se trabaja con un proveedor de servicios cloud (CSP), la seguridad "adecuada" necesita ser demostrada; generalmente a través de un contrato con el CSP que demuestra que están proporcionando una seguridad adecuada para proporcionar protección de datos como un proveedor de servicios de terceros. Un contrato o acuerdo de Nivel de Servicio (SLA) debe mostrar el negocio es la ejecución de la diligencia ciberseguridad sonido a los oficiales de contrato con el gobierno (CO).

¿Qué es la "seguridad adecuada?" Seguridad adecuada se define por "cumplimiento" de los 110 controles de seguridad del NIST 800-171, y cuando el negocio se emite la solicitud, es decir, la adjudicación del contrato. También se considera adecuada sobre la autorización a la empresa o negocio por el CO designado. Esto no significa que todos los controles de seguridad son, en efecto, pero donde es necesaria una desviación, se ha previsto un plan de acción e hitos (Poam).

Un Poam se requiere como parte del paquete oficial de presentación al gobierno. Se debe identificar por qué la empresa no puede hacer frente a este momento el control, y cuando se espera resolver el control. (Consulte la guía complementaria:. Escribir un plan de acción eficaz e Hitos (Poam) disponibles en Amazon® para más detalles)

También se requiere el negocio para proporcionar informes ciberincidentes oportuna al gobierno cuando se ha producido una violación a su red. El requisito del Departamento de Defensa, por ejemplo, es que el negocio notifica al gobierno dentro de 72 horas sobre el reconocimiento de un incidente de seguridad. (Véase el capítulo de la familia de control de respuesta a incidentes (IR)).

Además, el Gobierno de Estados Unidos puede requerir a la empresa para notificar a la seguridad cibernética de apoyo y respuesta a elementos dentro del gobierno federal. Esto puede incluir el Departamento de Seguridad Nacional Equipo de Respuesta (DHS) de Estados Unidos Computer Emergency (US-CERT) (https://www.us-cert.gov/) O de otro tipo, como organismo dependiente del gobierno.

Cambiantes requisitos del contrato de seguridad cibernética federal también están tomando en cuenta las vastas se mueve dentro de los sectores público y privado en servicios en la nube. Por lo general, las protecciones de seguridad se pueden encontrar en cualquier contrato o SLA entre la empresa y el CSP. Estas son pruebas suficientes normalmente para el gobierno.

Las buenas noticias con respecto a los CSP son hay muchos CSP actuales que ya están en cumplimiento con el gobierno de Programa de Gestión de Autorizaciones (FedRAMP) Riesgo federal y. Ser FedRAMP compatible antes de la presentación final del NIST 800-171 El cuerpo del delito (BOE) reducirá los retos de la utilización de un CSP no certificada; planificar en consecuencia si se considera mover parte o la totalidad del negocio operaciones en la 'nube'.

Consecuencias del incumplimiento

Hay varias consecuencias importantes contratistas y sus subcontratistas deben tener en cuenta si cualquiera incapaz de cumplir o mantener su cumplimiento. Esto puede incluir varias consecuencias graves y es vital la empresa se mantiene actual con respecto a cualquier cambio en su postura de seguridad cibernética. Siempre esté vigente en materia de cualquier nueva dirección NIST 800-171 en general o específica a la agencia estando soportado. El no poder mantenerse al día con la oficina de contrato puede poner en peligro las relaciones de negocios con el gobierno. Estas consecuencias pueden incluir:

- Impacto de selección futura de contrato. Esto puede ser tan básico como una inhabilitación temporal del trabajo federal contrato. También podría incluir medidas permanentes por parte del gobierno para suspender una empresa por un período mucho más largo. Por otra parte, el gobierno podría seguir la empresa para fraude o falsedad clara de su postura de seguridad al Gobierno de Estados Unidos. Esto muy probablemente ocurriría cuando un incidente de seguridad cibernética se produce dentro de la red de las empresas. Esto muy probablemente resultaría en gobierno nombró asesor externo que determine si hubo un incumplimiento deliberado de NIST 800-171 y las cláusulas FAR / DFARS asociados. Recuerde, el negocio siempre será evaluada según los siguientes criterios:
  - ¿Había una seguridad adecuada en el lugar antes y durante el incidente?
  - Fueron las protecciones adecuadamente establece con base en un esfuerzo de buena fe por la empresa para proteger CUI / CDI?

- Las evaluaciones iniciadas por el gobierno. En esta fase, el Gobierno tendrá acceso sin restricciones a determinar la culpabilidad del incidente y si es traído más daño contra el gobierno y sus agencias. La cooperación es una obligación fundamental y ocultar el incidente puede tener peores impactos que no informar de la intrusión.

- Se requerirá un Poam. El gobierno lo más probable es un mandato Poam ser desarrollado para abordar el hallazgo. Esto debería ser un buen esfuerzo para identificar hitos intermedios con fechas finales y previstas de finalización para garantizar una situación no vuelva a ocurrir. (Ver el suplemento: Escribir un plan de acción eficaz e Hitos:https://www.amazon.com/NIST-800-171-Milestones-Understanding-Responsibilities-ebook/dp/B07C9T3ZCT/ref=sr_1_1?ie=UTF8&qid=1523295943&sr=8-1&keywords=writing+an+effective+poam&dpID=51eT-dSVLRL y prest =_SY445_QL70_ y dpSrc = srch).

- La pérdida de Contrato. peor de los casos, el Oficial de Contrato puede determinar que la empresa no cumplió con los requisitos de seguridad cibernética. Los resultados de la determinación de que muy probablemente darán lugar a la cancelación del contrato por causa.

El curso probable: Cláusula FAR 52,204 a 21

Para salvaguardar muy básica de los sistemas de información contratista que procesar, almacenar o transmitir federal "información del contrato," esperamos que esta cláusula será modificada para reducir varios de los controles de seguridad específicos NIST 800-171. Un pelado abajo selección de los controles que se utilizarían en las primeras etapas del NIST 800-171 implementación y transición para una agencia federal. FAR 52,204 a 21 podrán ser modificados hasta alrededor de quince (15) controles de seguridad cibernética "básicas" para el sistema de información del contratista. Este será el caso más general a la "información federal contrato ."cuando una sociedad claramente almacena, procesa o transmite datos federales El lenguaje específico es:

> *"Información, no está destinado para ser hecha pública, que es proporcionada por o generada por el Gobierno en virtud de un contrato para desarrollar o entregar un producto o servicio para el Gobierno, pero no incluyendo la información proporcionada al público (como en los sitios web públicos) o información transaccional simple, como sea necesario para procesar los pagos ".*

Esta cláusula no requerirá que todos los 110 controles de seguridad y, en particular, se espera que reduzca o minimice los siguientes tipos de controles asociados:

1) las necesidades de formación de seguridad cibernética
2) autenticación de dos factores (2FA)
3) las descripciones de control de sistema detallada
4) incidentes de seguridad cibernética o notificaciones de violación

Esperan pocas agencias federales para aplicar esta cláusula a largo plazo ya que abre la agencia federal que tanto el escrutinio público y del Congreso. Esperamos que esto puede aplicar como una solución a corto plazo hasta el momento se produce un futuro modificación del contrato, y el organismo es más confianza en su comprensión y aplicación de NIST 800-171.

Por último, este libro sigue siendo aplicable para el escenario de aplicación FAR 52,204 a 21. Se puede utilizar para responder a los controles de seguridad previstos 15 como se identifica en los capítulos siguientes de este libro. Verificar los controles de seguridad exigidos reales con la Oficina de Contrato. Es importante confirmar las explicaciones de control necesarios como se describe más adelante en el especificado en capítulos posteriores y sus respectivas familias de control.

¿Cuál es la prueba de la postura mínima de seguridad cibernética de una empresa?

La base de NIST 800-171 es que los contratistas proporcionan una seguridad adecuada en todo contratista cubierta Sistemas de Información (SI). Por lo general, el requisito mínimo para demostrar la implementación del control es a través de la documentación. Otro término que se utiliza en este libro es un artefacto. Un artefacto es cualquier representación de una Oficina contrato o un evaluador independiente de terceros que muestra el cumplimiento de los controles de seguridad específicos. Es una parte importante de la prueba de que el propietario de un negocio proporcionaría al gobierno federal.

El término común para la recogida de todas las aplicaciones y artefactos de soporte es el cuerpo del delito (BOE). Los principales elementos necesarios para el BOE incluye tres elementos principales:

1. **Política de la empresa o procedimiento.** Para este libro, estos términos se utilizan indistintamente. Esencialmente cualquier dirección proporciona a los empleados internos y subcontratistas que son exigibles en virtud de las leyes laborales de Estados Unidos y la dirección de Recursos Humanos (HR). Se recomienda que una política de este tipo de artefacto o procedimiento de una colección singular de cómo la empresa se dirige a cada uno de los controles de seguridad 110.

RECORDATORIO: Todo una política o procedimiento requisitos son mejor capturados en política de la empresa individual o guía de procedimientos. Esto debería hacer frente a los controles alineados con las familias de control de seguridad

---

2. **Plan de seguridad del sistema (SSP).** Se trata de un documento de seguridad cibernética estándar. En él se describe la infraestructura global de TI de la compañía para incluir listas de hardware y software. En su caso, se recomienda sugerencias de artefactos adicionales que deben ser incluidos en este documento y duplicadas en un formato estándar SSP. (Véase el Plan de Seguridad del sistema (SSP) Plantilla y Libro de Trabajo: Un suplemento para la comprensión de su responsabilidad cumplir con NIST 800-171 en Amazon®)

Una introducción libre de 36 minutos a la SSP está disponible actualmente en Udemy.com en https://www.udemy.com/system-security-plan-ssp-for-nist-800-171-compliance/learn/v4/overview.

3. **Planes de acción e hitos (Poam).** Esto describe cualquier control que la empresa no puede fijar o demostrar su pleno cumplimiento en su totalidad. Proporciona una oportunidad para que una empresa de retrasar hacer frente a una difícil de implementar la solución técnica o porque el coste puede ser prohibitivo.

   POAMs siempre deben tener una fecha de finalización prevista y los hitos intermedios definidos que describe las acciones que conducen a una resolución completa o implementación del control. POAMs normalmente no debería ser más de un año, sin embargo, un toque crítico, una empresa puede solicitar una extensión varias veces si es incapaz de satisfacer plenamente el control.

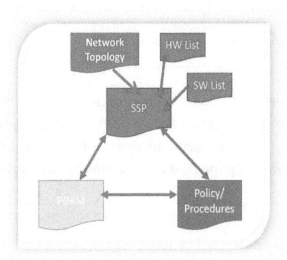

Los principales artefactos requeridos por el gobierno federal bajo el NIST 800-171

Cuando se trabaja con el gobierno y es simple y consistente siempre ayuda a través de un proceso muy jóvenes y menos-que-definido

¿Por qué seguir una expansión de normas de seguridad cibernética con sede en NIST?

La Oficina de Administración de Personal Incumplimiento

intrusiones en curso sobre los sistemas federales críticos apuntan a los efectos cada vez ágiles y altamente impactantes de las amenazas informáticas en todo el mundo. Informes de los grandes volúmenes de datos del personal exfiltraron de la Oficina de Administración de Personal (OPM), y las intrusiones en redes aparentemente altamente protegidas del Departamento de Defensa, por ejemplo, pone de relieve la necesidad de cambio. "Durante casi una semana, algunos miembros del personal militar y civil de 4.000 clave que trabajan para los jefes de personal [tenían] perdieron el acceso a su correo electrónico sin clasificar después de lo que ahora se cree que es una intrusión en el servidor crítico del Pentágono que se encarga de que la red de correo electrónico ... "(Starr, B. 2015, 31 de julio El ejército está todavía tratando con ciberataque 'lío' Obtenido de CNN.com.: http://www.cnn.com/2015/07/31/politics/defense-department-computer-intrusion-email-server/). Las amenazas son omnipresentes, y NIST 800-171 y los desarrollos en curso de otras NIST desarrollaron marcos de seguridad para ayudar a las empresas y las empresas están a punto de lanzamiento para ayudar y asistir en términos de protecciones de seguridad cibernética a nivel nacional.

La necesidad de poner en práctica y mejorar el Marco de Gestión de Riesgos (RMF) sobre la base de 800-serie-centrado seguridad cibernética del NIST, sigue siendo muy debatido. El reto ha sido sobre si se debe ampliar el "marco" NIST RMF más allá del gobierno federal. ¿Qué pasa si el gobierno federal encomendó a su aplicabilidad en el sector privado? Este libro está escrito en previsión de que la expansión. ¿Puede la expansión de la serie 800 de NIST, para incluir específicamente NIST 800-171, proporcionar un mejor medio para proteger los datos sensibles de la Nación?

Esta expansión incluye la mejora de las leyes y reglamentos para aumentar la protección de las empresas de seguridad cibernética y de negocios; esto puede aprovechar las actuales leyes como la Ley de Gestión de la Información de Seguridad Federal (FISMA). Tales leyes, regulaciones y procesos están destinadas a mejorar y proteger las infraestructuras críticas y los datos sensibles almacenados dentro de los límites físicos de los EE.UU. y sus empresas vitales. Presumiblemente, esta evolución será mejor proteger los datos vitales y sensibles de los Estados Unidos desde los dos actores estatales internas y extranjeras que desean hacer daño a los EE.UU..

Por otra parte, FISMA fue escrito por el Congreso para reducir la preocupación y la eficacia de los ataques cibernéticos contra el gobierno federal y su vasta infraestructura de TI. FISMA y otras leyes de seguridad cibernética proporcionan un método para mejorar la supervisión de las aplicaciones de seguridad de la información, sistemas y redes. FISMA trató además de "... establecer un marco general para garantizar la eficacia de los controles de seguridad de la información sobre los recursos de información que apoyan las operaciones federales y activos"(Gobierno de Estados Unidos (2002) Administración Federal de Seguridad de la Información Ley de 2002 (44 USC §§ 3541 a 3549) Obtenido de NIST...: http://csrc.nist.gov/drivers/documents/FISMA-final.pdf)). La preocupación está siendo más ampliamente demostrada por la reciente obligatoriedad de NIST 800-171 por el Departamento de Defensa y sus socios de negocios, y como era de esperar, el resto de las infraestructuras de TI de los gobiernos federales.

Extranjera ciberamenazas

La Comisión Federal de Comunicaciones (FCC), por ejemplo, es desalentador telecomunicaciones de Estados Unidos y las compañías de Internet de la compra de tecnología china que podría ser utilizado para la vigilancia. "Las amenazas a la seguridad nacional que representan determinados proveedores de equipos de comunicaciones son un asunto de interés de ambos partidos. "Ocultos 'puertas traseras' a nuestras redes de routers, switches - y prácticamente cualquier otro tipo de equipo de telecomunicaciones - pueden proporcionar una vía para que los gobiernos hostiles a inyectar virus, lanzar ataques de denegación de servicio, robar datos, y mucho más." El Casa y Comité de inteligencia del Senado recomienda a la FCC para detener las ventas basadas en el análisis de inteligencia estadounidenses y cambios a la FCC sobre el supuesto papel de Huawei en los esfuerzos de vigilancia chinos.

"Como miembro del Comité de Inteligencia de la Cámara, se hizo evidente para mí que [una importante compañía de telecomunicaciones china] no se puede confiar y plantearía una amenaza a la seguridad si se les da acceso a las redes del gobierno de Estados Unidos," Rep. Mike Turner, R-Ohio , declaró. "La decisión de la FCC para el uso de productos de TI de China es un paso importante en la protección de [los EE.UU.] de posibles violaciones de seguridad, y lo apoyo totalmente en esto."

En concreto, Verizon® y AT & T® sus planes en Enero 2018 para la compra china de TI y equipos de telecomunicaciones. (FUENTE: https://www.washingtonexaminer.com/policy/defense-national-security/fcc-wants-chinese-tech-out-of-us-phones-routers)

Departamento de Defensa (DOD)

En 2014, el Departamento de Defensa ha adoptado la serie 800 en general NIST RMF como estándar de seguridad cibernética. En 2017, se requiere mano de obra oficialmente su contrato específicamente para satisfacer el requisito NIST 800-171. La dirección general se ha convertido en la guía del Departamento de Defensa de corriente para proteger de manera más eficaz sus propios datos de TI e infraestructuras críticas, y para expandirse más allá de sus límites del Departamento de Defensa para proteger sus datos transmitidos en el sector contratista privado.

NIST 800-171 será un reto para las empresas que desean continuar o iniciar operaciones comerciales con el gobierno. Este libro se compromete a proporcionar un enfoque racional que novatos a través de personal de TI experto puede emplear con eficacia para responder a los 110 controles de seguridad. Es a través de un esfuerzo de "buena fe" por parte de la empresa que se espera para proteger a los tipos de datos sensibles, tales como CUI y CDI. Se trata de un libro de instrucciones. No sólo se diseñó para la ejecución actual del Departamento de Defensa de NIST 800-171, pero la esperada futura promulgación gobierno federal a nivel del NIST 800-171.

DOD ciberseguridad que sufre es grave

NIST 800-171 revisión 1 fue el primer intento de DOD que se aplica a los proveedores y contratistas para asegurar CUI / CDI está debidamente protegida contra las amenazas. Se ordenó además que la información sobre el negocio de una empresa específica para el Departamento de Defensa está protegido de compromiso o explotar; es decir, modificación, pérdida o destrucción. Se está tratando de garantizar un esfuerzo básico se ejecuta para proteger propia CUI interna de la empresa, así como información del Departamento de Defensa entremezclados que se crea como parte de las operaciones comerciales normales de la empresa.

Al 31 de diciembre, 2017, cualquier empresa que desee hacer negocios con el Departamento de Defensa está obligado a cumplir con los 110 controles de seguridad basados en el NIST. Las empresas pueden implementar estas soluciones de seguridad, ya sea directamente o mediante el uso exterior, tercero, "servicios gestionados" para satisfacer los requisitos de protección de la información controlada clasificación (CUI) / Información de Defensa cubierto (CDI). publicaciones del NIST, mientras que antes no obligatorios para las entidades no federales "" NIST 800-171 rev. 1, es la primera vez que una agencia federal ha ordenado organismos no federales, vis a vis, empresas privadas, cumplir con esta publicación-federal específica.

organizaciones "no federales", tales como empresas, y su procesamiento interno de los sistemas de TI, almacenamiento o transmisión CUI / CDI pueden ser necesarios para cumplir con el NIST 800-171. En el caso del Departamento de Defensa, que la sugerencia es ahora obligatorio.

CUI y CDI no se consideran información del nivel de seguridad nacional como más típico dentro del Departamento de Defensa como confidencial, secreto o Top Secret. El ex terminología DOD para CUI o CDI se clasifican predominantemente como Para uso oficial solamente (FOUO). Estos datos se considera sensible, pero que no requieren más estrictos mecanismos de seguridad o de control como con información de seguridad nacional. CUI básica / CDI puede incluir registros de empleados, información de salud personal (PHI), o información de identificación personal (PII) protegidas por las leyes federales y estatales. CDI es más específica para las funciones operativas y de apoyo requeridos por el Departamento de Defensa para llevar a cabo su misión nacional.

Los 110 controles de seguridad explícitas de NIST 800-171 se extraen del documento de seguridad cibernética núcleo del NIST, el NIST 800-53, seguridad y controles de privacidad para Sistemas de Información Federal y organizaciones, que se consideran vitales para negocios y sistemas de combate del Departamento de Defensa. Por otra parte, se trata de un conjunto muy pelado abajo de los controles para cumplir con el requisito de seguridad basado en más de un millar de posibles controles que se ofrecen desde el NIST 800-53; este es un conjunto más amplio de los controles utilizados por el Departamento de Defensa de proteger todos sus sistemas de sus aviones de combate a sus bases de datos enormes de personal.

La gente-Proceso-Tecnología (PPT) Modelo

Este libro se centra propietarios de negocios, y su personal de soporte de TI, tanto para satisfacer el mínimo y respuestas sugeridas más completos para cada uno de los controles especificados. Empresas, afortunadamente, sólo tienen que centrarse en la mejor manera de afrontar estos controles en una naturaleza "mínimo" y garantizar la concurrencia del gobierno federal que la empresa tiene el control positivo de sus límites de seguridad en sus sistemas de misión y los datos residen. Por otra parte, se pretende más cuidadosamente para ayudar a los negocios a proteger sus datos sensibles y la propiedad intelectual (PI).

La gente, procesos y tecnología (PPT) Modelo es la orientación recomendada para responder a muchos de los controles dentro del NIST 800-171. Si bien todas las soluciones no requieren necesariamente una respuesta tecnológica, la consideración de las personas (por ejemplo, ¿quién? Qué habilidad conjuntos? Etc.) y procesos (por ejemplo, las notificaciones a la alta dirección, los flujos de trabajo de acción, etc.) se reunirán muchos de los requisitos de respuesta . Consulte a Control 3.6.1 que proporciona ejemplos de respuestas que podrían ser ofrecidos al aplicar el modelo de Personas-Proceso-Tecnología (PPT). Las mejores respuestas normalmente incluirán los tipos y clases de personas asignadas para supervisar el control, el proceso o procedimientos que identifican el flujo de trabajo que se asegurará de que se cumpla el control, y en algunos casos, la tecnología que va a responder el control, en parte o en su totalidad.

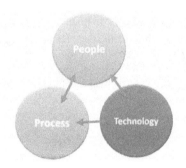

Modelo PPT

Más Acerca de artefactos y POAMs

Otros artefactos que de vez en cuando ser discutidos, pero no menos importante, son los SSP y Poam. Estos serán importantes porciones del BOE presentado al gobierno. Los artefactos están diseñados para apoyar afirmaciones de integridad y este libro, por ejemplo, puede incluir "capturas de pantalla" como una de muchas pruebas de que se cumple una de control; todos los modernos sistemas operativos (OS) incluyen una función "imprimir pantalla" en donde se captura el texto o la imagen, colocados en la memoria del ordenador temporal y se pueden insertar en una aplicación de documento. Esto puede ser fácilmente proporcionada a un CO o un asesor de control de seguridad en la forma de ya sea un artefacto de copia blanda o dura. El personal de TI deben utilizar esta función para mostrar, por ejemplo, la configuración de directivas o de registro del sistema (auditoría) de datos. En caso de duda, siempre tienen alguna forma de representación gráfica para mostrar al gobierno.

El Poam se utiliza cuando el negocio no puede cumplir o tratar el control ya sea por razones técnicas, "no tenemos un datos en reposo aplicación de cifrado (DAR)," o el costo, "tenemos la intención de comprar la solución DAR A más tardar 1 de abril de 2019." POAMs deben incluir hitos; hitos deben describir lo que se lleva a cabo en horas extras para preparar la plena implementación del control en el futuro. ¿Qué hará la empresa en el ínterin para abordar el control? Esto podría incluir, por ejemplo, otras respuestas de mitigación de la utilización de controles de seguridad físicas mejoradas, tales como una fuerza 24-7 guardia, la adición de un acero puertas para impedir la entrada a los principales servidores de un ordenador o mejoradas y de obligado cumplimiento las políticas que tienen repercusiones explícitas en el personal.

POAMs siempre tendrá una fecha de finalización definida. Típicamente, es ya sea dentro de los 90 días, seis meses, o un año de duración. Un año debería ser la fecha máxima; Sin embargo, el negocio, como parte de este proceso en ciernes, puede solicitar una extensión de la Poam basado en la "planificada" fecha de finalización; RMF proporciona flexibilidades. No tenga miedo de hacer ejercicio y usar POAMs según corresponda. (Consulte Control de Acceso (AC) para una plantilla de muestra).

Todas las cosas consideradas

¿Como usar este libro?

Este libro está alineado específicamente con los requisitos descritos en familias de control de seguridad del NIST 800-171 y sus controles específicos que el NIST ha considerado de vital importancia para asegurar CUI / CDI. Esto ayudará a la empresa a cumplir con los requisitos y les ayudará a ofrecer una respuesta convincente para el gobierno.

Entrar en un modo de pensar la seguridad cibernética

El objetivo es proporcionar el enfoque mental y conocimiento técnico de lo que el control es (y lo que no lo es). El primer párrafo describe una respuesta mínima. Esto es lo que se necesita para preparar una respuesta básica para un nivel mínimo y aceptable de respuesta. Principalmente, estas soluciones requieren de políticas o los actos de procedimiento que describen al gobierno como se cumplirá con el negocio se asegurará de este control; Si tratando de obtener a través del proceso expedita, este párrafo será suficiente para asegurar una aprobación.

Si hay un mayor deseo de entender el proceso y demuestran adicionalmente una solución más sustancial, el párrafo, respuesta más completa está diseñado para proporcionar más profundidad. Se tiene la intención de describir de forma más completa al dueño del negocio la forma de mostrar una mejor comprensión al gobierno federal la implementación del NIST 800-171.

Además, para la clarificación, el encabezamiento requisito básico de seguridad es lo que se describe típicamente como el control común de la familia de control. Lo mejor es sólo para entender que es el principal control para la familia respectiva de control (ver el**FAMILIAS REQUISITOS DE SEGURIDAD NIST 800-171**). Los requisitos de seguridad derivados pueden considerarse más como requisitos suplementarios y "más granulares" para el control de "padre". En función de los tipos y clases de datos almacenados, estos controles en la publicación más clásico NIST 800-53 puede incluir cientos de otros controles; el Gobierno de Estados Unidos ha considerado que, afortunadamente, sólo 110 controles según sea necesario.

FAMILIA
(AC) de control de acceso
(AT) Sensibilización y Formación
(UA), Auditoría y Responsabilidad
(CM) Gestión de la Configuración
(IA) Identificación y Autenticación
(IR) de respuesta a incidentes

FAMILIA
(MP) Protección de Medios
(PS) Seguridad Personal
(PP) protección física
(RA) Evaluación de riesgos
Evaluación (SA) Seguridad
(SC) Sistema de Protección y Comunicaciones

FAMILIAS REQUISITOS DE SEGURIDAD NIST 800-171

La adaptación de salida Controla Posibilidades

La actualización de la versión 2016 a NIST 800-171, revisión 1, proporciona una menosque dirección adecuada sobre la cuestión de sastrería control. Se afirma en su Apéndice E que existen tres criterios principales para la eliminación de un control de seguridad (o la mejora de control) de la consideración y la inclusión dentro de la BOE NIST 800-171:

• El control es exclusivamente federal (es decir, principalmente la responsabilidad del gobierno federal): El gobierno proporciona directamente el control de la empresa. Si bien es posible, esperar que esto no suele ocurrir.

• El control no está directamente relacionada con la protección de la confidencialidad de CUI / CDI: Esto tampoco se aplicará ya que todos estos controles se eligieron originalmente para proteger la confidencialidad de todos los archivos CUI / CDI. Por eso existe este libro para explicar mejor cómo hacer frente a estos controles, que son en su mayor parte todos los necesarios.

• Se espera que el control para ser satisfecha de forma rutinaria por no federales Organizaciones (NFO) sin especificación: En otras palabras, se espera que el control que deben cumplir por el NFO, es decir, la empresa (usted y su equipo de TI).

Sastrería se permite y se recomienda en su caso. En el marco de ciberseguridad NIST, el concepto de adaptación de salida de un control es deseable siempre que sea técnica o de derecho no se puede aplicar razonablemente. Esto requerirá certeza técnica que el control es no aplicable (N / A). Bajo esta oportunidad, si la arquitectura de TI de la empresa no contiene dentro de sus límites de seguridad de la tecnología, donde se requiere un control que se aplica ese entonces el control se identificó como N / A.

Por ejemplo, cuando el negocio no tiene ninguna red Wi-Fi en su límite de seguridad, se puede aconsejar al gobierno que los controles se aborde la seguridad de las redes Wi-Fi serían un N / A de control. La empresa no puede ni tiene razones para poner en práctica estos controles de seguridad, ya que actualmente no permite que las redes Wi-Fi o ninguna presencia de equipos tales como routers Wi-Fi, antenas, etc. El control estaría marcado como compatible y anotada como N / a en el momento de la autoevaluación. Todavía sería necesaria para identificar la conexión Wi-Fi no está autorizado actualmente en la guía de procedimiento de seguridad cibernética de la empresa o la política para documentar adecuadamente su ausencia como un enfoque de mejores prácticas para el BOE presentado sugeridos.

La siguiente seguridad Wi-Fi controla más probable es que se puede adaptar de salida específica a la infraestructura de TI existente de la compañía si no hay redes Wi-Fi o dispositivos.

3.1.16 *Autorizar el acceso inalámbrico antes de permitir este tipo de conexiones.*
3.1.17 *Proteger el acceso inalámbrico mediante la autenticación y el cifrado.*

La adaptación de salida puede ser tu amigo

Control de acceso (AC)
El más técnico, compleja y vital

Control de Acceso (AC) es probablemente la familia de control de seguridad más técnico y más vital en el proceso de la seguridad cibernética. Está diseñado para enfocar el personal de soporte informático, los administradores del sistema (SA), o el personal de TI similares, en las protecciones de seguridad de los datos críticos técnicos. Esto incluirá todos los datos sensibles internas mantenidas por la infraestructura informática de la empresa y mantenidos por la compañía como parte de hacer negocios con el gobierno CUI / CDI y. Si la realización de inversiones en mejoras de la infraestructura de seguridad cibernética, el control de CA proporcionará el mayor retorno de la inversión.

También, es importante confirmar si bien una solución técnica no está ya integrado en el sistema informático actual. Muchas veces, los controles son ignorados, capturado por la política, o se desarrolla una Poam, a pesar de que algunas capacidades de base para abordar el control ya son residentes en el sistema de base o, más particularmente dentro del sistema de red operativo (SO). Además, verifique para aplicaciones accesorias proporcionadas por el fabricante del sistema operativo para determinar si una solución sin costo ya es residente. Preguntar al personal de TI para confirmar si hay una solución técnica existente como parte del sistema para evitar gastar dólares adicionales para las capacidades ya existentes.

Donde el costo es prohibitivo para poner en práctica actualmente, un Poam es una solución aceptable, pero temporal. Si no es posible abordar el control durante el esfuerzo "auto-evaluación" de la compañía, entonces estar preparado para formular un planes de acción y Milestone (Poam). (Escribir un Poam efectiva es un complemento actual a este libro para ser lanzado el Amazon®).

NIST 800-171 Agile Plan of Action & Milestones ©

SYSTEM NAME:

System Information:
- System Name
- Company/Organization
- Sponsoring Service/Agency

POAM Contact Information:
- POC Name/Title
- POC Phone
- POC Email

POAM History:
- Date of this POAM
- Date of Last Update
- Date of Original POAM

Security Costs (optional):
- Security Costs (TOTAL):
- Personnel
- Equipment

*ADD ADDITIONAL COLUMNS for MILESTONE ACTIVITY & COMPLETION DATE AS NEEDED

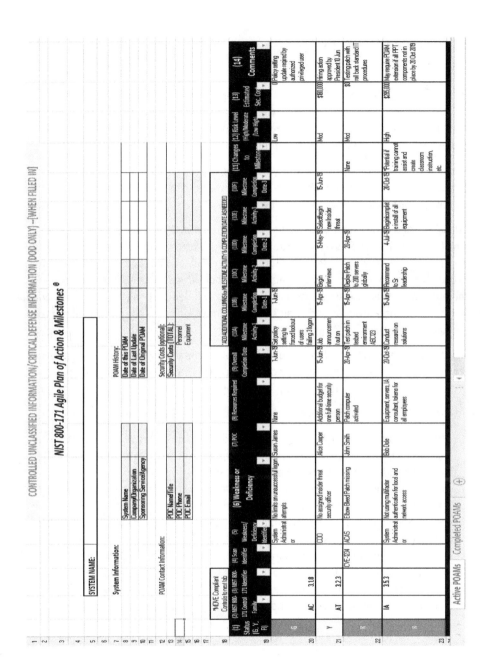

MOVE Compliant Controls to next tab

(1) Status (G, Y, R)	(2) NIST 800-171 Control Family	(3) NIST 800-171 Identifier	(4) Scan Identifier	(5) Weakness/ Deficiency Identifier	(6) Weakness or Deficiency	(7) POC	(8) Resources Required	(9) Overall Completion Date	(10A) Milestone Activity-1	(10B) Milestone Completion Date-1	(10C) Milestone Activity-2	(10D) Milestone Completion Date-2	(10E) Milestone Activity-3	(10F) Milestone Completion Date-3	(11) Changes to Milestone	(12) Risk Level High/Moderate /Low High	(13) Estimated Sec. Cost	(14) Comments
G	AC	3.1.8		System Administrat or	No limits on unsuccessful logon attempts	Susan James	None	1-Jun-19	Set policy setting to forced lockout of users failing 3 logon	1-Jun-19						Low	$0	Policy setting update required by authorized privileged user
Y	AT	3.2.3		COO	No assigned insider security officer	Alice Cooper	Additional budget for one full-time security person	15-Jun-19	Job announcemen t out on	15-Apr-19	Begin interviews	15-May-19	Select/Begin new insider threat	15-Jun-19		Mod	$180,000	Hiring action approved by President 10 Jun
R			CVE-1224	ACAS	Elbow Bleed Patch missing	John Smith	Patch computer activated	20-Apr-19	Test patch in tested environment ABC123	15-Apr-19	Deploy Patch to 200 servers globally	20-Apr-19			None	Mod	$0	Testing patch with roll back standard IT procedure
R	IA	3.5.3		System Administrat or	Not using multifactor authentication for local and network access	Bob Dole	Equipment, servers, IA consultant, tokens for all employees	29-Oct-18	Conduct research on solutions	15-Jun-19	Recommend to Sr leadership	4-Jul-19	Begin/Recommend e install of all equipment	29-Oct-18	29-Oct-18 "Potential if training cannot assist and create classroom instruction, etc.	High	$235,000	May require POAM extension if all FPT components not in place by 20 Oct 2019

Active POAMs   Completed POAMs   (+)

Plantilla Poam Muestra

Requisitos de seguridad básicos:

3.1.1 Limitar el acceso al sistema de información a los usuarios autorizados, procesos que actúan en nombre de los usuarios autorizados, o dispositivos (incluyendo otros sistemas de información).
RESPUESTA MÍNIMO: Dirección este control en el documento de política de negocio / de procedimiento. (Ver procedimiento de ejemplo a continuación).

Se deben identificar los tipos de usuarios y qué nivel de acceso que se encuentren autorizados. Por lo general, hay usuarios generales que tienen acceso diario regular a los datos del sistema corporativo, y los usuarios elevados / privilegiados.

usuarios / elevados privilegiados suelen limitarse a, por ejemplo, los administradores del sistema (SA), Administradores de bases de datos (DBA), y otro personal designado Mesa de Ayuda del personal de soporte de TI que administran el cuidado de back-office del sistema; estos usuarios suelen tener acceso a la raíz. acceso Root ofrece lo que se describe más típicamente como el acceso super-usuario. Estas personas deben ser altamente seleccionados y regularmente. Estos individuos necesitan ser evaluados o auditados por personal designado corporativos de alto nivel con regularidad.

Respuesta más completa: Esto debe incluir capturas de pantalla que muestran una muestra de los empleados y sus tipos y clases de derechos de acceso. Esto podría incluir la lectura, escritura, editar, borrar, etc., los derechos normalmente controladas por una SA asignado.

Hemos proporcionado un ejemplo de un procedimiento sugerido para este control:

> Procedimiento de ejemplo: La compañía ha definido dos tipos de usuarios autorizados. Hay los usuarios en general, aquellas que requieren el acceso a los recursos diaria normal automatizado de la compañía, y los usuarios privilegiados, empleados con privilegios elevados requeridos para llevar a cabo el cuidado de back-office y el mantenimiento regular de los activos de la empresa y los sistemas de tecnología de la información (IT). El acceso a [ejemplo] de la compañía financiera sistemas de recursos humanos, ordenación y se limitará a aquellos usuarios generales con una necesidad, sobre la base de sus funciones, para acceder a estos sistemas. supervisores inmediatos validarán su necesidad y asesorar a la Mesa de Ayuda de TI para emitir credenciales de acceso adecuado [identificación de usuario y contraseña] después de completar "Formación conciencia ciberseguridad." Las credenciales de usuario no serán compartidos y ... ".

3.1.2 Limitar el acceso al sistema de información de los tipos de transacciones y funciones que los usuarios autorizados están autorizados a ejecutar.

RESPUESTA MÍNIMO: Dirección este control en el documento de política de negocio / de procedimiento. Se deben identificar los tipos de transacciones y qué nivel está permitido para los usuarios autorizados. usuarios elevadas o privilegiados tienen acceso a copias de oficina de mantenimiento y el cuidado de la red, tales como la creación de cuentas, mantenimiento de bases de datos, etc .; usuarios privilegiados también pueden tener acceso general, pero con diferentes nombres de usuario y contraseñas deben segregar sus privilegios para fines de auditoría.

Respuesta más completa: Esto podría incluir una captura de pantalla que muestra un ejemplo de los empleados y sus tipos y clases de derechos. Esto incluiría su lectura, escritura, editar, borrar, etc., normalmente controladas por los derechos asignados SA. La SA debe ser capaz de proporcionar las impresiones en papel para su inclusión en el paquete de envío final a la oficina de contrato o de su receptor designado.

Requisitos derivados (Suplementario) Seguridad:

3.1.3 controlar el flujo de CUI fluye las autorizaciones aprobados.

MÍNIMOS DE RESPUESTA: Las empresas suelen utilizar las políticas y las tecnologías de control de flujo para administrar el movimiento de CUI / CDI en toda la arquitectura de TI; control de flujo se basa en los tipos de información.

En cuanto a los cambios de procedimiento, la discusión de los documentos de la empresa debe hacer frente a varias áreas de preocupación: el personal 1) que sólo las personas autorizadas dentro de la empresa con el requisito de acceso se proporcionan necesidad de conocer; 2) medidas de seguridad adecuadas están en su lugar para incluir el cifrado de datos mientras está en tránsito (DIT); 3) ¿cuáles son los procedimientos para el manejo de los empleados internos que violen estas normas de la empresa ?; y, 4) ¿cómo alertar a la empresa del gobierno federal si hay acceso externo (piratas informáticos) para su infraestructura de TI y su CUI / CDI?

Respuesta más completa: Abordar este control adicional se puede demostrar mediante la implementación de la formación (Ver conciencia y el control de la formación (AT)) como una forma de mitigación; la mitigación son otros esfuerzos de apoyo, no sólo técnicas, que pueden reducir los efectos si una amenaza explota este control. La compañía también podría incluir el riesgo de amenazas internas (Consulte Control 3.2.3 para la discusión de "amenaza interna.") Exigiendo a los empleados para completar no divulgación (NDA) y no competir-acuerdos (NCA). Estas medidas añadidas reducir o mitigar el riesgo de la infraestructura de TI. También deben hacer frente a los empleados que se apartan, renuncian, o sean liquidados por la empresa; la consideración es que los empleados descontentos que se correrán la empresa con CUI / CDI potencialmente sensible.

El control de flujo también podría estar mejor muestra a un asesor de gobierno federal en términos de una solución técnica. Esto podría demostrarse más mediante el uso de cifrado para DIT y datos en reposo (DAR). Estos requisitos de cifrado dentro del NIST 800-171, requieran diferentes soluciones técnicas, y los Estándares Federales de Procesamiento de Información (FIPS) 140-2; consulte Control 3.13.11 para obtener más detalles.

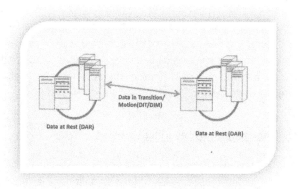

Los datos en reposo (DAR) frente a los datos en tránsito / Motion (DIT / DIM) Diagrama conceptual

La respuesta también podría incluir una revisión semanal de los registros de acceso. Por lo general, el personal de soporte de TI o de la SA que realizará auditorías recurrente. Si se detectan anomalías, ¿cuál es el procedimiento para alertar a la alta dirección de personal que intenta el acceso a CUI / CDI y otros datos sensibles? Esto ofrece una mayor demostración de medidas de seguridad de la empresa a los representantes del gobierno.

3.1.4 separar los deberes de las personas para reducir el riesgo de la actividad malévola y sin colusión.

RESPUESTA MÍNIMO: Esto debe ser descrito en el documento de procedimientos de seguridad cibernética empresas, y debe determinar las funciones y responsabilidades de cómo se ejecutará la supervisión. Cuando esto es difícil, basado en el personal de TI y de tamaño limitado, un Poam es muy recomendable.

El Poam debe sugerir otras formas utilizadas para mitigar ese riesgo, y potencialmente mirar en medios tanto humanos y automatizados para abordar mejor en el futuro.

Respuesta más completa: Las personas deben ser asignados en la escritura y sus funciones y responsabilidades. Esto también podría incluir los umbrales de información de actividades no autorizadas y que está alertado a las amenazas internas; esto sería mejor proporcionar una solución más definida. También podría hacer frente a los retos de Recursos Humanos (HR) cuando se producen este tipo de incidentes y proporcionar un medio de acción contra los infractores de la política corporativa.

3.1.5 emplean el principio de privilegio mínimo, incluso para las funciones de seguridad específicas y las cuentas con privilegios.

RESPUESTA MÍNIMO: El principio de privilegio mínimo es un importante principio de la seguridad cibernética. El concepto de privilegio mínimo es de permitir el acceso únicamente autorizado para los usuarios y procesos que tienen responsabilidad directa. Se limita a solamente un nivel necesario de acceso para realizar las tareas para las funciones específicas del negocio. Esto debe ser descrito en el documento de política de seguridad cibernética corporativa. Esto también debe ser parte de los acuerdos de usuario básicos para incluir lo que se describe en la terminología del gobierno una Política de Uso Aceptable (AUP).

Respuesta más completa: Al igual que los controles descritos anteriormente, una muestra de impresiones de los empleados o capturas de pantalla podría mostrar seleccionado y autorizado derechos individuales. Una toma de muestras, especialmente de los usuarios privilegiados, y sus roles asignados dentro de la infraestructura de TI de la compañía sería un objetivo de potenciales asesores gubernamentales de terceros. Esto sería utilizado por los evaluadores para apoyar el proceso de certificación NIST 800-171 en desarrollo.

3.1.6 utilizar cuentas no privilegiados o roles cuando el acceso funciones no de seguridad.

RESPUESTA MÍNIMO: Lo mejor es siempre el primero responder a los controles de una política o solución de procedimiento. Esencialmente, esto impide que los usuarios "generales" de acceso a la infraestructura de la empresa y la creación de cuentas, borrar bases de datos, o elevar sus privilegios para acceder a ambos CDI y sensibles de datos CUI / corporativos. Esto se trata de proporcionar la menor cantidad de acceso y privilegios en base a las funciones asignadas. Las empresas verán a continuación el control que impone una separación no sólo de los deberes, pero el acceso, así basan en posición y una necesidad de saber-clara.

Respuesta más completa: La respuesta más completa, podría ser a través de soluciones automatizadas que controlan el acceso de otras funciones de seguridad, tales como el restablecimiento de contraseñas, relato de la creación, etc. Esto podría incluir la tala y la revisión de todos los accesos del sistema. También podría incluir herramientas automatizadas que restringen el acceso basado en derechos de un usuario. Estos ajustes técnicos dentro de la herramienta son establecidos por política de la empresa y monitoreados mediante, por ejemplo, el SA local.

3.1.7 Evitar que los usuarios no privilegiados de la ejecución de funciones privilegiadas y auditar la ejecución de tales funciones.

RESPUESTA MÍNIMO: Hay muchas similitudes aparentes de los controles, y que fue diseñado originalmente en el NIST 800-171 por una razón. Los controles de seguridad se supone que están de refuerzo, y este control es sólo ligeramente diferente en su ámbito de aplicación que otros descritos anteriormente.

Control de 3.1.6, es similar está reforzando este control, así como otros. guía de procedimientos de la compañía de forma explícita puede "reescribir" la descripción original de control: "evitar que los usuarios no privilegiados de la ejecución de funciones privilegiadas ...." Un ejemplo de procedimiento reportaje sobre la base de la descripción se proporciona control original:

> Procedimiento de ejemplo: Los usuarios sin privilegios se les prohíbe la ejecución de las funciones privilegiadas o auditorías del sistema sin la autorización del Director de la compañía de funcionamiento, Chief Information Security Officer, o su representante designado. Todas las solicitudes serán presentadas por escrito con su supervisor de primera línea validar la necesidad de que dicho acceso durante un tiempo limitado y especificado.

Además, este procedimiento limita orden superior (privilegiados) funciones tales como la creación de cuentas de otros, la eliminación de archivos de bases de datos, etc. También requiere que las auditorías de las funciones privilegiadas. Se sugiere que el asignado al menos SA revisión semanal e informe de inconsistencias / usuarios en general no privilegiados que intentan (y, con suerte en su defecto) para acceder a partes de la infraestructura interna.

Respuesta más completa: Una representación más completa sería proporcionar copias de los registros de auditoría que incluyen quién, cuándo, y cuáles fueron los resultados de una evaluación de auditoría; estos artefactos deben demostrar que la empresa está siguiendo sus procedimientos de seguridad cibernética internos.

Aviso sobre los "frecuencia": Muchos de los controles no definen qué frecuencia una empresa debe realizar una revisión, reevaluación, etc. El propietario de un negocio se dio la oportunidad de "definir el éxito" al Oficial de contrato con el gobierno o asesor de seguridad cibernética. La consideración importante es que el negocio determina la frecuencia de las revisiones, en general, basándose en la sensibilidad percibida o real de los datos. Este libro proporcionará típicamente el más estricto patrón de frecuencia de gobierno, pero nada impide que una empresa de llevar a cabo con menos frecuencia revisa si puede ser justificada.

"Definir su propio éxito"

3.1.8 Límite de intentos fallidos de inicio de sesión.

RESPUESTA MÍNIMO: política estándar Gobierno es después de tres fallos de conexión del sistema se bloqueará automáticamente el individuo. Sugiere esto debe ser no más de cinco no los inicios de sesión especialmente si los empleados no son comprensión de la computadora. Esto requiere tanto de la solución técnica por el sistema informático corporativo y se describe en la guía de procedimiento corporativo.

Respuesta más completa: Por ejemplo, la capacidad adicional para proporcionar una captura de pantalla que proporciona un artefacto que muestra lo que sucede cuando un empleado alcanza el número máximo de inicios de sesión sería cumplir con este control; esto podría ser añadido al paquete de presentación. También es importante documentar los procedimientos para incluir el proceso para recuperar el acceso a la red.

3.1.9 proporcionar privacidad y seguridad de las comunicaciones compatibles con las normas aplicables CUI.

RESPUESTA MÍNIMO: continuación, se proporciona una versión actual de un mensaje de advertencia diseñada para propósitos de la compañía. Se debe o bien se publicará físicamente en o cerca de cada terminal o en el inicio de sesión en pantalla (preferido); esto también debe incluir siempre el consentimiento para el monitoreo. Recomiendo consultar con un representante legal para su aprobación final y difusión a los empleados.

[Empresa] mensaje de advertencia

El uso de este o cualquier otro sistema informático [Nombre de empresa] constituye el consentimiento a la supervisión en todo momento.

Se trata de un sistema informático [Nombre de empresa]. Todos los [Nombre de empresa] sistemas informáticos y equipos relacionados están destinadas a la comunicación, transmisión, procesamiento y almacenamiento de información oficial u otro autorizado. Todo [Nombre de empresa] sistemas informáticos están sujetos a la supervisión en todo momento para garantizar el correcto funcionamiento de los equipos y sistemas, incluyendo los dispositivos y sistemas de seguridad, para evitar el uso y violaciónes de las leyes y reglamentos de seguridad no autorizado, para disuadir la actividad criminal, y para otros fines similares . Cualquier usuario de un [Nombre de empresa] sistema informático debe ser consciente de que cualquier información colocada en el sistema es objeto de seguimiento y no está sujeta a ninguna expectativa de privacidad.

Si el monitoreo de este o cualquier otro sistema de computadora [Nombre de empresa] revela posible evidencia de la violación de las leyes penales, esta evidencia y cualquier otra información relacionada, incluyendo información de identificación del usuario, se puede proporcionar a las fuerzas del orden. Si el monitoreo de este u otros sistemas informáticos [Nombre de empresa] revela violaciónes de las normas de seguridad o uso no autorizado, los empleados que violen las normas de seguridad o hacen uso no autorizado de [nombre de la empresa] sistemas informáticos están sujetos a las medidas disciplinarias.

El uso de este o cualquier otro [Nombre de empresa] sistema informático constituye el consentimiento a la supervisión en todo momento.

Respuesta más completa: Otra consideración debe ser esta política también coordinarse con Recursos Humanos (HR). Esto podría incluir, además, que todos los empleados firmen una copia de esta notificación, y se coloca en su expediente oficial. Seleccione y copias redactados podrían utilizarse para demostrar una adhesión activa a este requisito como un muestreo proporcionado al gobierno. También podría potencialmente describir cómo la empresa puede tomar medidas contra el personal que no violen o esta advertencia.

3.1.10. Utilizar el bloqueo de sesión con pantallas de patrones de ocultación para impedir el acceso / visualización de datos después de un período de inactividad.

RESPUESTA MÍNIMO: Si bien esto puede parecer como si sólo una solución técnica, también debe ser identificado en la política de la empresa o el documento de procedimiento. bloqueo de sesión describe el período de inactividad cuando un terminal de ordenador se bloqueará automáticamente al usuario. Sugieren no más de 10 minutos para un bloqueo de ordenador. Selección ya es aceptable en base a muchos factores tales como el tipo de trabajo realizado (por ejemplo, el personal de finanzas) o el nivel de seguridad física de la empresa (por ejemplo, una zona restringida con un número limitado de empleados autorizados) es aceptable. Sin embargo, debe estar preparado para defender el equilibrio entre la necesidad de la empresa para cumplir con los requisitos de la misión del gobierno y los riesgos de tiempos de espera de bloqueo de sesión excesivas.

En segundo lugar, se desea que oculta patrón para evitar que el concepto de "surf hombro." Otros términos similares que son sinónimos incluyen el enmascaramiento y la ofuscación.

escondite patrón está diseñado para evitar que un individuo de la observación de un empleado a escribir su contraseña o número de identificación personal (PIN). Este control podría incluir asteriscos (*), por ejemplo, que enmascaran la información verdadera. Esto evita que los iniciados o incluso visitantes de "robar" las credenciales de acceso de otro usuario.

Contraseña sin ocultar patrón: PA $$ w0rd

Contraseña de ocultar patrón: ********

Ocultación patrón

Respuesta más completa: La mejor solución podría incluir períodos mucho más cortos para un tiempo de espera más largo, y la longitud y la complejidad de la contraseña; el estándar es de al menos 15 alfa-numérico y caracteres especiales.

- Alfa: abcde ....
- Numérico: 12345 ...
- Caracteres especiales: @ # $% ....

(Consulte Control 3.13.10 para una discusión adicional de Multifactor de autenticación (MFA) y autenticación de dos factores (2FA)).

A modo de recordatorio permanente, es fundamental para colocar artefactos que describen la solución técnica demostrada, por ejemplo, mediante la captura de pantalla. Debe ser clara y fácilmente detectable a la implementación de este control por el representante de auditoría o evaluador.

3.1.11. Terminar (automáticamente) una sesión de usuario después de una condición definida.

RESPUESTA MÍNIMA: La solución más simple es un ajuste que el SA u otro personal de TI designados, establece dentro de las aplicaciones de funcionamiento y gestión de la red. Típicamente, la mayoría de los sistemas operativos de red se pueden configurar para hacer cumplir un terminal / de bloqueo completo. Esta aplicación de control registra por completo el usuario y termina las sesiones de comunicaciones de cualquier para incluir, por ejemplo, el acceso a bases de datos corporativas, sistemas financieros, o Internet. Se requiere que los empleados para volver a iniciar conexiones de sesión a la red después de que ocurra esto más completa de cierre de sesión-sesión.

Respuesta más completa: La respuesta completa podría incluir capturas de pantalla de configuración de la directiva para las terminaciones de sesión y los tiempos de espera. El SA o representante de la compañía designada debería ser capaz de proporcionar como un artefacto.

3.1.12 Monitorear y controlar sesiones de acceso remoto.

RESPUESTA MÍNIMO: Este control está a punto de acceso remoto en un ordenador puede controlar otro ordenador a través de Internet. Esto puede incluir el personal de soporte de escritorio "en la interacción remota" la computadora de un empleado para actualizar la última versión de Firefox ® o un empleado de trabajo en casa la entrada de datos financieros en el sistema de finanzas corporativas. Identificar estos tipos de acceso como parte de la guía de procedimientos y describir que está autorizado, cómo su acceso es limitado (como por ejemplo un empleado de finanzas no puede emitir un cheque corporativo a sí mismos), y las repercusiones de violar la política.

Respuesta más completa: El mejor enfoque tecnológico podría incluir restricciones a la única ayuda de TI el personal que utiliza las capacidades remotas. política de la empresa debe requerir revisión periódica de eventos auditables y troncos. Una captura de pantalla sería de gran ayuda para mostrar la configuración de directivas específicas para la aplicación de escritorio remoto.

3.1.13 Emplear mecanismos criptográficos para proteger la confidencialidad de las sesiones de acceso remoto.

RESPUESTA MÍNIMO: Este es un tema de datos en tránsito (DIT). Asegúrese de que el procedimiento requiere la solución de la empresa sólo usos aprobados soluciones criptográficas. los**Advanced Encryption Standard**(AES) es considerado el estándar actual para el cifrado dentro del gobierno federal. Además, utilizar las versiones de longitud de clave de 256 kilobytes (KB).

Hay muchas soluciones comerciales en esta área. Las principales compañías de software ofrecen soluciones que aseguren DIT y son normalmente a precios razonables para las opciones de pequeñas empresas como Symantec ®, McAfee ® y Microsoft®.

*--- **Una vez más, documento, documento, documento***

Respuesta más completa: (Vea Control 3.1.3 para una representación más detallada). Por lo general es una capacidad directa proporcionada por los proveedores de herramientas de aplicaciones de acceso remoto. La cuestión más crítica dentro del gobierno es si la compañía de herramientas de aplicación garantiza la aplicación proviene de un desarrollador de software con sede en EEUU.

Hay muchos desarrolladores en el extranjero, por ejemplo, para incluir a Rusia, países del antiguo Pacto de Varsovia, y China, que son motivo de preocupación para el gobierno de Estados Unidos. La aprehensión se trata de productos comerciales de estas naciones y su potencial amenaza a la seguridad nacional estadounidense. El negocio debe confirmar que el producto proviene de un aliado actual de los EE.UU.; éstas incluirían el Reino Unido, Australia, etc. Antes de comprar, asegúrese de que ha hecho su tarea, y proporcionar la prueba del software de acceso remoto es aceptada por el gobierno federal.

3.1.14 acceso remoto a través de la Ruta puntos de control de acceso gestionados.

RESPUESTA MÍNIMOS: Gestionado puntos de control de acceso son sobre el control del tráfico a través de conexiones "de confianza". Por ejemplo, esto podría ser Verizon ® o AT & T ® como Proveedor de Servicios de Internet de la empresa (ISP). Sería altamente recomendable incluir cualquiera de los servicios contratados o de los Acuerdos de Nivel de Servicio (SLA) de estos proveedores. Pueden incluir servicios de amenazas y de filtrado de spam adicionales que podrían reducir los "malos" de acceso a datos corporativos; estos son artefactos ideales para la prueba de haberse cumplido satisfactoriamente este control.

Respuesta más completa: Otra adición también podría estar utilizando lo que se llama una red privada virtual (VPN). Estos son también los servicios comunes los principales proveedores tienen costos adicionales.

Describir y proporcionar tales acuerdos también podrían identificar un enfoque de defensa en profundidad; el primer nivel es a través del servicio de VPN, y la segunda sería proporcionado por el software de acceso remoto que proporciona una capa adicional de defensa. La defensa en profundidad puede incluir tales esfuerzos de protección para evitar el acceso no autorizado a los activos de la empresa de TI:

- La protección física (por ejemplo, alarmas, guardias)
- Perímetro (por ejemplo, servidores de seguridad, sistema de detección de intrusiones (IDS), "de confianza Conexiones a Internet")
- Application / ejecutables (por ejemplo, listas blancas de software autorizado, listas negras bloquear los programas especificados)
- Datos (por ejemplo, programas de protección de pérdida de datos, controles de acceso, auditoría)

3.1.15 Autorizar la ejecución remota de comandos privilegiados y el acceso remoto a la información relevante para la seguridad.

RESPUESTA MÍNIMO: NIST 800-53 es el documento base para todos los controles de NIST 800-171. Describe lo que las empresas deben gestionar y autorizar el acceso privilegiado a la información relevante para la seguridad (por ejemplo, información financiera, IP, etc.), y mediante el acceso remoto sólo para "necesidades operacionales convincentes."

Esto específicamente se documenta en las restricciones de quién y en qué circunstancias la información relevante para la seguridad puede ser accedida por personal de la empresa. El control del NIST base requiere el negocio a los documentos de la justificación de este acceso en el plan de seguridad del sistema (SSP); la interpretación es que la política de seguridad cibernética corporativa debe ser un anexo o apéndice de la SSP. (Véase el Plan de Seguridad del sistema (SSP) Plantilla y Libro de Trabajo: Un suplemento para la comprensión de su responsabilidad cumplir con NIST 800-171 en Amazon®)

Respuesta más completa: El artefacto ideales sugeridos son los logs de acceso remoto dentro como fuera de la empresa. Esto también se puede encontrar en los registros de auditoría de servidor de seguridad, así como los registros de la aplicación software de acceso remoto para la comparación; estos también podrían utilizarse para identificar las modificaciones de registro que pueden ser un indicador de la amenaza interna. (Véase el Control 3.2.3 para continuar el debate de esta área temática).

3.1.16 acceso inalámbrico Autorizar antes de permitir este tipo de conexiones.

RESPUESTA MÍNIMO: Esto incluiría los acuerdos de acceso inalámbricos y más comúnmente descritos anteriormente es una Política de Uso Aceptable (AUP). Por ejemplo, una política de uso aceptable incluiría la definición de los tipos y clases de sitios restringidos contra el acceso de los empleados. Por lo general son los juegos de azar, sitios de pornografía, etc. AUP de debe ser revisado por un abogado antes de exigir a los empleados a firmar.

Respuesta más completa: La solución técnica más completa, podrían identificar sitios no autorizados y evitar el acceso "invitado". (Aunque no se recomienda el acceso de invitados, es mejor establecer una red Wi-Fi secundaria para acomodar y restringir las visitas y personal de terceros de tener acceso directo a la red de la empresa.)

También es importante que la topología de la red de Wi-Fi y estándar de cifrado pueden proporcionar como un artefacto al gobierno una vez que el paquete final está lista para su presentación. Esto debe ser parte de la SSP y el documento de procedimiento de seguridad cibernética corporativa.

3.1.17 Proteger el acceso inalámbrico mediante la autenticación y el cifrado.

RESPUESTA MÍNIMO: Asegurarse de que esta se incluye en el procedimiento corporativo o política que sólo el personal autorizado dentro de la empresa tengan acceso y que el nivel apropiado de cifrado está en su lugar. Actualmente, el estándar 802.11 se utiliza y Wi-Fi Protected Access 2 (WPA2) de encriptación debería ser la norma mínima.

Respuesta más completa: El uso de Wi-Fi "olfatear la tecnología", mientras disponible puede ser prohibitivamente costosa para las empresas más pequeñas. Esta tecnología puede identificar y auditar entrada no autorizada en la parte inalámbrica de la red y, posteriormente, proporciona acceso a la red de la empresa "física". Sniffers se pueden utilizar para notificar al personal de seguridad ya sea a través de servicio de mensajes cortos (SMS) o correo electrónico -text alertas de tales intrusiones; si los datos de la empresa es muy sensible, entonces esta inversión puede ser necesaria. También, mantener cualquier documentación sobre el "sniffer" y sus capacidades; proporcionar a los representantes del gobierno como parte de la presentación oficial.

3.1.18. Conexión de control de los dispositivos móviles.

RESPUESTA MÍNIMA: La mayoría de los dispositivos móviles son los negocios de sus teléfonos celulares. Esto también incluiría los ordenadores portátiles y "pads" de ordenador con capacidades habilitado para la web. Esto requeriría en primer lugar como una cuestión de política que los empleados sólo utilizan conexiones seguras para sus dispositivos cuando no se utiliza proveedor de estos servicios de la empresa debe ser verificada como seguro. Esto también prohibiría específicamente a los empleados uso de puntos Wi-Fi no seguras, como restaurantes de comida rápida, cafeterías, etc. redes Wi-Fi en el hogar son generalmente seguros, pero aseguran que los empleados sepan para seleccionar WPA2 como su estándar en el hogar protocolo de conexión segura .

Respuesta más completa: Una mejor manera de demostrar este control es por discutir con el proveedor de telefonía celular la capacidad de prevenir móviles corporativos del uso de redes Wi-Fi no seguras en cualquier momento. El proveedor debe ser capaz de bloquear el acceso si el teléfono móvil no "ve" o reconocer una conexión segura. Incluir cualquier prueba de los acuerdos de servicio de una disposición como parte del BOE presentado.

3.1.19. CUI cifrar en los dispositivos móviles.

RESPUESTA MÍNIMA: La buena noticia es que todas las grandes compañías proporcionan DAR cifrado. Los teléfonos móviles normalmente pueden asegurar DAR en el teléfono con un código de acceso, PIN o incluso la capacidad biométrica, como huellas dactilares o reconocimiento facial; éstos son aceptables para los estándares gubernamentales. Compruebe acuerdos de servicio o añadir al plan existente de la compañía.

Respuesta más completa: Hay varias compañías que ofrecen los dispositivos patentados y endurecidos para usuarios corporativos. Estos incluyen el estado de los estándares de encriptación arte y se endurecieron aún más cuerpos de teléfono para evitar hazañas físicas de los dispositivos móviles perdidos o robados. Esperamos que estas soluciones sean muy caros.

3.1.20 Verificar y conexiones de control / límite y uso de los sistemas externos.

RESPUESTA MÍNIMO: Este control exige que todas las conexiones externas de terceras partes o a la red de la compañía de ser verificados. Esto normalmente tomaría la forma de aceptar otra empresa (o incluso las agencias federales) autoridad para operar (ATO). Esto podría ser tan simple como un memorándum, por ejemplo, el reconocimiento de la autoevaluación de otra compañía bajo el NIST 800-171. También podría ser aceptada a través de un proceso conocido como la reciprocidad, de aceptar una ATO en base a NIST 800-53-más típica de las agencias federales. Estos son todos los medios legítimos que están diseñados para asegurar antes de una compañía permite a otra empresa para entrar a través de su servidor de seguridad (límite de seguridad del sistema) sin algún nivel de certeza de que la seguridad se consideró totalmente. Antes de un sistema externo o red se permite el acceso sin restricciones a los datos de las corporaciones,

Como siempre, asegúrese de identificar procedimientos, y el límite, este tipo de conexiones a sólo los datos críticos necesarios alimentaciones de terceros para llevar a cabo las operaciones de negocios formales.

Respuesta más completa: Esto podría incluir una solicitud de exploraciones en curso del sistema externo y / o de la red cada 30 días; esto sería considerado muy extrema, pero depende de la sensibilidad de los datos. Si buscado, sugerir que cada seis meses que la compañía recibe copias del anti-virus, anti-malware, y los informes de exploración parche de vulnerabilidad para identificar las amenazas actuales al sistema externo. Esto está diseñado para hacer frente a las amenazas entrantes y potencialmente para mejorar la seguridad global de la compañía

3.1.21 Límite uso de dispositivos portátiles de almacenamiento de organización en los sistemas externos.

RESPUESTA MÍNIMO: Esto no es sólo sobre el uso de unidades flash USB (véase el capítulo sobre protección de los medios de comunicación (MP)), también se trata de unidades externas conectadas a una estación de trabajo o portátil, a nivel local. Mientras que las unidades flash son más capaces de introducir malware y virus a una red sin protección, las unidades externas representan una amenaza real para la extracción de datos y el robo. La política de la empresa debe incluir un proceso de aprobación para "conectar" única compañía proporciona unidades y altamente desalentar dispositivos personales conectados por los empleados. El soporte técnico debe incluir la exploración activa de virus y malware cada vez que el dispositivo portátil está conectado a la red.

Respuesta más completa: Como se discute en más detalle a continuación con respecto al uso de memorias USB, el personal de TI puede desactivar de cualquier usuario del registro. Cuando se hizo necesario la necesidad de unidades externas, este control puede mejorarse aún más mediante la auditoría de todos los accesorios de este tipo y proporcionar informes pre-formateados para el liderazgo de la compañía. Auditoría, como se describe bajo el control AU, debe incluir la captura de esta actividad.

3.1.22 Control de CUI publicadas o procesa en sistemas accesibles públicamente.

RESPUESTA MÍNIMO: Esto se refiere al control de la información accesible al público con más frecuencia en el sitio web de orientación pública de la compañía. Es necesario que haya pautas procesales y la dirección sobre quién puede liberar (oficina de relaciones públicas por lo general, etc.) y publicar información (generalmente webmaster, etc.) a la página web. Esto debe incluir una revisión de estos datos por personal específicamente entrenado para reconocer datos CUI / CDI. Esto puede incluir información o datos que analiza la relación comercial actual de la empresa con el gobierno, las actividades que realiza y los productos y servicios que proporciona tanto al sector público y privado.

Esto también debería abordar la revisión periódica de los datos de acceso público, así como el procedimiento para describir el proceso para eliminar los datos no autorizadas si se descubre.

Respuesta más completa: Esto podría utilizar análisis automatizados de palabras clave y frases que pueden alertar al personal de auditoría durante sus actividades regulares de auditoría. Véase el capítulo Control de Auditoría (AU). Si bien este es un medio estático para alertar al personal de TI no entrenados, podría complementar esa liberación involuntaria no se produce. supervisión adicional siempre debe basarse en la sensibilidad de la información que se maneja no sólo incluyen CUI / CDI, pero la Propiedad Intelectual (IP) u otros datos sensibles, etc., que pueden perjudicar a la empresa si se liberan en el público.

El proceso de toma de la cantidad de encriptación y protección (tales como las tecnologías de cifrado blockchain emergentes o hash) debe basarse en el riesgo para el sistema.

Considere el riesgo y la daños a la empresa si los datos, CUI o no se ve comprometida

CONCIENCIA Y FORMACIÓN (AT)
Un programa de entrenamiento es una necesidad

UNwareness & Training es un programa de entrenamiento sobre la seguridad cibernética activa de los empleados y un programa de educación recurrente que asegure su conocimiento y cumplimiento de la protección de los datos confidenciales de la empresa y CUI / CDI constantemente. Los sitios web (abajo) identificar los sitios patrocinados por el gobierno libre que una empresa puede aprovechar sin gastar cualquiera de sus propios recursos. Los tres principales requisitos de formación que se pueden esperar de la mayoría de los vendedores que apoyan las actividades de contrato del gobierno federal incluyen:

1. **Capacitación sobre la seguridad cibernética.**
   https://securityawareness.usalearning.gov/cybersecurity/index.htm

2. **Formación privilegiada amenaza.**
   https://securityawareness.usalearning.gov/itawareness/index.htm
   (Más discusión sobre el tema "Insider Amenaza" Ver 3.2.3 Control).

3. **Intimidad.**
   https://iatraining.disa.mil/eta/piiv2/launchPage.htm (Esto se aplicaría específicamente a ninguna empresa que se encarga, procesos o mantiene la información de identificación personal (PII) y la información médica personal (PHI). La expectativa del autor es que a pesar de que una empresa no maneja PII o PHI, el gobierno federal a hacer que este un requisito de capacitación universal.)

Requisitos de seguridad básicos:

3.2.1 garantizar que los gestores, administradores de sistemas y usuarios de sistemas de información de la organización sean conscientes de los riesgos de seguridad asociados con sus actividades y de las correspondientes políticas, normas y procedimientos relacionados con la seguridad de los sistemas de información de la organización.

RESPUESTA MÍNIMO: Los seres humanos son el eslabón más débil de la seguridad cibernética "guerra." La mayor amenaza es del empleado que, sin saberlo, selecciona un enlace que permite una intrusión en el sistema corporativo, o peor aún, aquellos que maliciosamente eliminar, modificar o eliminar sensibles CUI / CDI.

La respuesta debe ser documentada respecto a los requisitos de perfeccionamiento iniciales y anuales para todos en la empresa; Los empleados no son promedio, pero deben incluir los altos directivos y los subcontratistas de apoyo. Proporcionar una muestra de seleccionar empleados que han tenido la formación, y la garantía de que está al día en el último año.

La respuesta completa MÁS: Una posible demostración de la solución más completa está dentro de la dirección específica de políticas de TI para el personal de apoyo. Podría haber una notificación del sistema que les permite después de la notificación, de forma manual o por medios automatizados, de suspender el acceso a la formación se ha completado. documentación fuerte es importante específica a la formación de la conciencia.

3.2.2 asegurar que el personal de la organización reciban la formación adecuada para llevar a cabo sus funciones y responsabilidades relacionadas con la seguridad de la información asignada.

RESPUESTA MÍNIMO: Esto es necesario no sólo la formación de la conciencia, sino también la formación especializada de los usuarios privilegiados. Esto es por lo general del Sistema Operativo (OS) una formación específica a la arquitectura de la empresa. Es posible tener múltiples sistemas operativos. Los usuarios privilegiados sólo están obligados a mostrar, por ejemplo, algún tipo de certificado de formación, para cumplir con este requisito. Todo el personal de TI que tienen privilegios elevados deben tener este tipo de formación antes de su autorización para ejecutar sus funciones.

Además, si la empresa utiliza Microsoft ® ® o Linux los sistemas operativos, los usuarios privilegiados tendrán algún nivel de certificación para demostrar una familiaridad con estos programas. Esto podría incluir importantes certificaciones nacionales para estas aplicaciones o cursos básicos de familiaridad de los sitios de entrenamiento libre, por ejemplo, Khan Academia (https://www.khanacademy.org/) o Udacity® (https://www.udacity.com/).

El gobierno no ha definido el nivel y tipo de entrenamiento para este requisito. Se requiere que los usuarios privilegiados de tener un certificado de conocimiento y formación (sin la longitud de tiempo especificado) para el principal sistema operativo (OS) en la infraestructura de TI corporativa emplea.

Respuesta más completa: Si el personal de TI tienen la certificación formal (por ejemplo, de un programa de formación de Microsoft ® pareja), son los objetos ideales que deben formar parte del Banco de Inglaterra.

Requisitos de seguridad derivados:

3.2.3 Impartir capacitación concienciación sobre la seguridad en el reconocimiento y la presentación de informes de indicadores potenciales amenazas internas.

RESPUESTA MÍNIMO: Servicio de Seguridad de Defensa del Departamento de Defensa (DSS) en Quantico, VA, es el agente ejecutivo para las actividades de amenazas internas. El DSS ofrece muchas oportunidades de entrenamiento y juegos de herramientas de información privilegiada amenaza. Estos están disponibles en su página web de forma gratuita en la agenciahttp://www.dss.mil/it/index.html. Este es un excelente recurso para crear un programa de entrenamiento amenaza interna ya desarrollado para el uso de la compañía.

compañía documento de requisitos mínimos de formación para los usuarios generales y privilegiadas, como ver la instrucción en línea de selección o de oportunidades de formación por ordenador de DSS. Todos en la empresa debe participar y completar satisfactoriamente el entrenamiento.

Respuesta más completa: la prueba más completa de la conformidad-compañía con este requisito de control de seguridad podría incluir oradores invitados, o amenazas internas eventos bolsa marrón alrededor de la hora del almuerzo. la formación del personal de la compañía deben capturar los registros de asistencia para incluir listas de inicio de sesión. Estos podrían ser utilizados para las necesidades anuales de formación específica a la familiaridad amenaza interna.

Además, recomendar un programa de formación de formadores en donde los individuos selectos son entrenados por cualquiera DSS u otra compañía competente, que convierte los recursos corporativos. Estos individuos asignados podrían proporcionar el entrenamiento y soporte de primer respondedor según sea necesario y ser desplegado a otros sitios de la empresa.

Auditoria y de responsabilidad (AU)
Registros del sistema y su revisión regular

El control de la UA es principalmente acerca de la capacidad del sistema propietario / empresa para supervisar el acceso no autorizado al sistema a través de las funciones de registro del sistema del sistema operativo y otros dispositivos de red tales como cortafuegos. Una SA está normalmente asigna el deber de revisar los archivos de registro; éstos pueden incluir tanto el acceso autorizados y no autorizados a la red, aplicaciones, bases de datos, sistemas financieros, etc. La mayoría de las empresas se basan en la revisión manual; Sin embargo, algunos servidores "inteligentes" y los cortafuegos pueden proporcionar alertas automatizado para el personal de TI de uso o intrusión no autorizada. La clave es entender las capacidades de auditoría del sistema de la empresa y estar preparados para defender sus capacidades y limitaciones, si los representantes del gobierno o los evaluadores de terceros solicitar una prueba de cumplimiento de control.

```
...sion Detection System

.**] [1:1407:9] SNMP trap udp [**]
[Classification: Attempted Information Leak] [Priority: 2]
03/06-8:14:09.082119 192.168.1.167:1052 -> 172.30.128.27:162
UDP TTL:118 TOS:0x0 ID:29101 IpLen:20 DgmLen:87


Personal Firewall

3/6/2006 8:14:07 AM,"Rule ""Block Windows File Sharing"" blocked (192.168.1.54,
netbios-ssn(139)}.","Rule ""Block Windows File Sharing"" blocked (192.168.1.54,
netbios-ssn(139)}.  Inbound TCP connection.  Local address,service is
(KENT(172.30.128.27),netbios-ssn(139)).  Remote address,service is
(192.168.1.54,39922).  Process name is ""System""."

3/3/2006 9:04:04 AM,Firewall configuration updated: 398 rules.,Firewall configuration
updated: 398 rules.


Antivirus Software, Log 1

3/4/2006 9:33:50 AM,Definition File Download,KENT,userk,Definition downloader
3/4/2006 9:33:09 AM,AntiVirus Startup,KENT,userk,System
3/3/2006 3:56:46 PM,AntiVirus Shutdown,KENT,userk,System


Antivirus Software, Log 2

240203071234,16,3,7,KENT,userk,,,,,,16777216,"Virus definitions are
current.",0,,0,,,,,0,,,,,,,,,,SAVPROD,{ xxxxxxxx-xxxx-xxxx-xxxx-xxxxxxxxxxxx },End
User,(IP)-192.168.1.121,,GROUP,0:0:0:0:0:0,9.0.0.338,,,,,,,,,,,,,,,


Antispyware Software

DSO Exploit: Data source object exploit (Registry change, nothing done) HKEY_USERS\S-
1-5-19\Software\Microsoft\Windows\CurrentVersion\Internet Settings\Zones\0\1004!=W=?
```

Auditoría ejemplos tipo de registro. Los registros anteriores son buenos ejemplos de los registros del sistema que deben ser revisados con regularidad. Estos son responsabilidad de la empresa para supervisar la red activa. Otro término de gran interés es supervisión continua (ConMon); ver el artículo en el Apéndice C discutir la importancia de las capacidades ConMon. ConMon se puede lograr por medios manuales y automatizados, y la auditoría es una familia de control principal de soporte de los objetivos de este principio ciberseguridad.

ConMon actividades se describen mejor como la capacidad de la empresa para "continua" vigilar el estado de su red dentro de su límite de seguridad definido. Debe ser una capacidad para determinar, por ejemplo, quién, cuándo, y cuáles son dentro de los límites de seguridad de la empresa y las obligaciones de notificación en caso de una intrusión. Se basa en el descubrimiento de registro de actividades no autorizadas. (Fuente: Guía de Seguridad Informática de gestión de registros, el NIST SP 800-92, septiembre de 2006,http://nvlpubs.nist.gov/nistpubs/Legacy/SP/nistspecialpublication800-92.pdf).

Para una mejor descripción sobre el propósito y los componentes de supervisión continua (ConMon) véase el Apéndice D: supervisión continua: una discusión más detallada.

Requisitos de seguridad básicos:

3.3.1 Crear, proteger y conservar los registros de auditoría de sistemas de información en la medida necesaria para permitir el seguimiento, el análisis, la investigación y la presentación de informes de la actividad del sistema de información ilegal, no autorizada o inapropiada.

RESPUESTA MÍNIMA: La parte clave de este control es sobre la retención de registros de auditoría. El control define el período de retención como una capacidad vaga para retener dichos registros en la mayor "medida de lo posible." La guía siempre debe basarse en la sensibilidad de los datos. Otra consideración debe incluir la capacidad de proporcionar datos forenses a los investigadores para determinar la intrusión durante un período.

El incumplimiento de la OPM histórica se produjo durante varios años hasta que la OPM siquiera reconoce múltiples incidentes. Esto incluyó la exfiltración de millones de archivos de personal y de investigación de antecedentes de seguridad. OPM fracasos mientras que muchos, incluyendo los procesos de auditoría y revisión pobres, son un factor importante en el éxito de los piratas informáticos del Estado-nación. pobres los procesos de auditoría y retención de la OPM hicieron la reconstrucción de eventos críticos más que difícil para los forenses gubernamentales e investigaciones criminales asociadas.

La recomendación a las pequeñas y medianas empresas que realizan actividades de contrato del gobierno de Estados Unidos sería de al menos un año y, preferiblemente, dos años de retención de registro de auditoría. Las empresas deben analizar periódicamente con representantes de contratos gubernamentales sus requisitos especificados. También deben visitar la Agencia Nacional de Archivos de registro (NARA) (www.nara.gov) Para CUI retención de datos / CDI como parte de un programa de auditoría activo.

Las empresas deben equilibrar las operaciones (y costos a largo plazo) con la seguridad (la capacidad de reconstruir una intrusión, para apoyar la aplicación de la ley)

Respuesta más completa: Una mayor capacidad de reconocer infracciones (eventos e incidentes) podría incluir un proceso interno adicional y asignados primeros respondedores que actuaría sobre estos sucesos. Este equipo de respuesta puede tener la formación especializada adicional para incluir el uso de herramientas de soporte de red seleccione el análisis para incluir la formación de inspección de paquetes utilizando herramientas como Wireshark ®(https://www.wireshark.org/).

3.3.2 Asegurar que las acciones de los usuarios del sistema de información individuales se pueden rastrear de forma única a los usuarios, para que puedan ser considerados responsables de sus acciones.

RESPUESTA MÍNIMO: Se trata de que la captura de los usuarios individuales a medida que acceden al sistema. Los registros de acceso debe incluir, por ejemplo, información de identificación de usuario, las marcas de tiempo de todo el acceso, bases de datos o aplicaciones acceder, y algunos intentos fallidos de inicio de sesión. Este control está diseñado para aumentar el potencial de reconstrucción forense, ya sea para violaciónes de política interna o intrusiones de amenazas externas. Cualquier consideración política debe incluir, al menos, revisión semanal, pero cualquier opinión periodicidad de auditoría debe basarse en la sensibilidad y criticidad de los datos de la misión general de la empresa.

Respuesta más completa: Un medio más completos para hacer frente a este control está utilizando alertas automatizadas que introducirlos y personal de gestión. Esto podría incluir capacidades de los servidores de seguridad existentes "inteligentes", o soluciones más avanzadas pueden incluir una solución de información y gestión de eventos de seguridad (SIEM). Estas son las soluciones más complicadas y costosas, pero los acontecimientos actuales que emplean modernas tecnologías de inteligencia artificial y aprendizaje automático para identificar de manera más proactiva las amenazas está evolucionando rápidamente; estas soluciones deben ser menos costoso y más fácil de implementar en la próxima década.

Requisitos de seguridad derivados:

3.3.3 Revisión y actualización auditados eventos.

RESPUESTA MÍNIMA: Este es un requisito similar a otras AU controla arriba para revisar periódicamente registros de auditoría. Se recomienda por lo menos las revisiones semanales. Respuesta más completa: Para hacer frente de forma más completa este control, el personal de TI podrían clasificar los tipos de registro que se recogen. Estos podrían incluir, por ejemplo, del Sistema Operativo (OS) (de red), la aplicación, servidor de seguridad, los registros de base de datos, etc.

3.3.4 alerta en el caso de un fallo proceso de auditoría.

RESPUESTA MÍNIMO: Esta es una habilidad activa desarrollada dentro de la tecnología de la empresa de auditoría que pueden alertar al personal de un error de auditoría.

Esto podría incluir alarmas locales, luces intermitentes, SMS y alertas de correo electrónico para el personal clave de la empresa. Esto requerirá personal de SA y de TI para establecer la configuración de directivas que se establecerá como parte de los controles normales en apoyo de la función de auditoría y el control general. Una descripción de la ejecución técnica y acciones inmediatas a ser tomadas por el personal debe ser identificado. Esto debe incluir la activación del Plan de respuesta a incidentes (IR).

Respuesta más completa: soluciones técnicas adicionales podrían incluir sistemas complementarios a monitorizar. Esto podría incluir el estado de todos los dispositivos y las funciones de auditoría-capaz. Esto también puede incluir un ordenador separado o un servidor de copia de seguridad de auditoría para el almacenamiento de registros no en el sistema primario; esto evitaría que los intrusos puedan borrar o cambiar los registros para ocultar su presencia en la red.

Estas soluciones serán en última instancia, añadir complejidad y el costo adicional. Asegúrese de que cualquier solución es soportable tanto económica como técnicamente por la empresa que toman las decisiones. Mientras que para tener una mayor seguridad es un deseo general de la aplicación 800-171 NIST, debe ser equilibrada con un enfoque práctico y medible de valor añadido para añadir nuevas tecnologías. También debe ser una consideración, además, que la incorporación de las nuevas tecnologías debe abordar los impactos de la complejidad añadida y determinar la capacidad del personal de apoyo de TI para mantenerla.

3.3.5 revisión de auditoría, análisis y procesos de información estarán correlacionados para investigación y respuesta a las indicaciones de actividad inapropiada, sospechoso, o inusuales.

RESPUESTA MÍNIMO: Se deben indicar las medidas técnicas adoptadas por el personal de auditoría autorizadas a ejercer la hora de analizar las actividades sospechosas en la red.

También debe ser atado al Plan IR, y ser probado al menos anualmente. (Consulte Control de IR para la discusión adicional del ejemplo DOD Precedencia Identificación y determinar acciones basadas en el nivel de gravedad).

Respuesta más completa: Consulte Control 3.3.2 para una discusión más detallada de emplear una solución SIEM. Además del análisis manual, la compañía podría aprovechar las capacidades de las tecnologías de identificación de amenazas más recientes, como SIEM y dispositivos de detección y prevención de intrusiones "inteligentes".

3.3.6 proporcionar una reducción de auditoría y generación de informes para apoyar el análisis y presentación de informes bajo demanda.

RESPUESTA MÍNIMA: reducción de auditoría proporciona para los requisitos de examen de auditoría, análisis, y presentación de informes "bajo demanda".

Esto se debe, al menos, utilizar métodos manuales para recoger las auditorías de entre varios dispositivos de registro de auditoría para ayudar con las necesidades potenciales forenses. Cualquier esfuerzo de procedimientos para apoyar la reducción de auditoría más probable es que se puede utilizar aplicaciones de soporte comercial y scripts (pequeños programas normalmente están escritos de manera explícita al entorno informático único de la empresa) que el personal de TI debe ser capaz de ayudar en su identificación, desarrollo y adquisiciones.

Respuesta más completa: el personal de TI podrían identificar las soluciones más automatizados e integrados de reducción de auditoría. Los candidatos probables podrían ser servidores de seguridad "inteligentes" o soluciones de información de seguridad y gestión de eventos (SIEM).

3.3.7 proporcionar una capacidad de sistema de información que compara y sincroniza los relojes internos del sistema con una fuente autorizada para generar marcas de tiempo para los registros de auditoría.

RESPUESTA MÍNIMA: La respuesta más simple es tener personal de TI utilizan el protocolo de tiempo de red (NTP) NTP en el puerto 123 para proporcionar marcas de tiempo del Observatorio Naval de Estados Unidos como el estándar para la red; esto se considera la fuente autorizada. Los relojes del sistema de todos los procesadores (ordenadores, cortafuegos, etc.) dentro de la empresa se deben establecer en el mismo momento en que inicializa por primera vez por TI personal de apoyo; esto debería ser un requisito política explícita.

Se sugiere que la opinión personal de SA y comparar el (NTP marca de hora del servidor) externa con los relojes internos del sistema. Esto se puede utilizar para identificar los cambios de registro si la sincronización no es el mismo a partir de los ajustes de reloj externo e interno. Registrar los cambios pueden ser un indicador de acceso no autorizado y la manipulación de archivos de registro por los piratas informáticos.

Respuesta más completa: Hay varios programas automatizados que se pueden utilizar, y buenos programadores básicos dentro de la empresa podrían escribir scripts (pequeños trozos de código ejecutable) para proporcionar estas comparaciones más fácilmente.

3.3.8 información y la auditoría de auditoría Protect herramientas de acceso no autorizado, modificación y eliminación.

RESPUESTA MÍNIMO: Este control requiere una mayor protección de archivos de auditoría y herramientas de auditoría de usuarios no autorizados. Estas herramientas pueden ser explotadas por intrusos para cambiar los archivos de registro o eliminarlos por completo a ocultar su entrada en el sistema. Proteger con contraseña y limitar el uso de sólo el personal autorizado. Documentar este proceso en consecuencia.

Respuesta más completa: Esta información podría ser almacenada en algún otro servidor no forma parte de la zona normal de captura de registro de auditoría. Además, realizar copias de seguridad periódicas para evitar que los intrusos manipulación de troncos; esto permitirá un medio para comparar los cambios, e identificar posibles incidencias en la red para la acción de la alta dirección o la policía.

3.3.9 Límite de gestión de la funcionalidad de auditoría a un subconjunto de usuarios privilegiados.

RESPUESTA: Vea Control de 3.3.8 para reducir el número de personal con acceso a registros de auditoría y funciones. El mantenimiento de una lista de personal de los acuerdos de usuario adecuados puede permitirse la posibilidad de limitar el personal, así como proporcionar un valor en cualquier actividad forenses futuros requeridos.

Respuesta más completa: Hay varios productos tales como CyberArk ® que podrían ser utilizados para gestionar y controlar el acceso de usuarios privilegiados para auditar la información. Este producto será una solución relativamente caro para las pequeñas y algunas empresas de tamaño mediano.

Configuration Management (CM)
La Fundación verdadera de seguridad cibernética

La verdadera importancia de la gestión de la configuración es que es, de hecho, el "lado opuesto de la misma moneda" llamada ciberseguridad. CM se utiliza para rastrear y confirmar los cambios a la línea base del sistema; esto podría ser cambiado en el hardware, firmware y software que alertar a los profesionales de TI a cambios no autorizados en el entorno de TI. CM se utiliza para confirmar y garantizar los controles programáticos prevenir cambios que no han sido probados o aprobados de manera adecuada.

CM requiere el establecimiento de líneas de base para el seguimiento, control y gestión de la infraestructura de TI interno de una empresa específica a NIST 800-171. Las empresas con un proceso de CM eficaces deben tener en cuenta las implicaciones de seguridad de información para el desarrollo y funcionamiento de los sistemas de información. Esto incluirá la gestión activa de los cambios en el hardware de la empresa, el software y la documentación.

CM eficaz de los sistemas de información requiere la integración de la gestión de configuraciones seguras en el proceso de CM. Si bien CM existe como un proceso de "cambio" bien definido, la protección del medio ambiente es más segura. Esto debe ser considerado como el segundo control de seguridad más importante. Se sugiere que tanto la dirección como el personal de TI tienen el conocimiento y la formación adecuada para mantener este proceso, ya que es tan esencial para la buena práctica de seguridad programática y cibernético.

Requisitos de seguridad básicos:

3.4.1 Establecer y mantener configuraciones de referencia e inventarios de los sistemas de información de la organización (incluyendo hardware, software, firmware y documentación) a través de los respectivos ciclos de vida de desarrollo de sistemas.

RESPUESTA MÍNIMO: Este control puede ser mejor recibido por el hardware, el software y el firmware (se debe combinar con hardware) anuncios; estos son los artefactos clásicos necesarios para cualquier sistema. La actualización de estos documentos como cambios en la arquitectura de TI es a la vez una crítica de TI y las funciones de logística. Asegúrese de que estos empleados son bien coordinada sobre cambios en el sistema. Esto debe ser incluido en el plan de seguridad del sistema (SSP).

Además, el NIST 800-171 requiere el control de documentos de todos los informes, documentos, manuales, etc. La moneda de todos los documentos relacionados se debe manejar en un repositorio centralizado.

Cuando los documentos pueden ser sensibles, tales como la descripción de las debilidades o vulnerabilidades de la infraestructura de TI existentes, estos documentos deben tener un mayor nivel de control. La razón fundamental para un mayor control de este tipo de documentos es si estos documentos fueron "encontrados" en el público, los piratas informáticos o amenazas persistentes avanzadas (es decir, contradictorio Estados-nación) podrían utilizar esta información para llevar a cabo hazañas. Vulnerabilidades sobre sistemas de la empresa deben ser marcados y controlados al menos a nivel CUI / CDI.

Respuesta más completa: Sugerido mejores enfoques para el ejercicio de buenas actividades de control de versiones estarían utilizando una unidad de red compartida, o una solución más avanzada podrían utilizar Microsoft ® SharePoint ®. Una herramienta de control de versiones activo sólo debe permitir al personal autorizado para hacer cambios a los documentos clave y los cambios del sistema y sus asociados cambios de versiones-importante dentro de la arquitectura de TI, por ejemplo, a partir de la versión 2.0 a la 3.0. Esto también debe mantener registros de auditoría de quién y cuando se accede a un archivo y modificado.

3.4.2 Establecer y hacer cumplir los valores de configuración de seguridad de los productos de tecnología de la información empleadas en los sistemas de información de la organización.

MÍNIMO / respuesta más completa: Debe haber una identificación de los ajustes de configuración de seguridad en los documentos de procedimiento de negocios. Esto incluiría la configuración de directivas técnicas, por ejemplo, el número de intentos fallidos, la longitud mínima de la contraseña, la configuración de cierre de sesión obligatorios, etc. Estos ajustes deben ser identificado a través del sistema operativo de una empresa, la aplicación de software o programa.

Requisitos de seguridad derivados:

3.4.3 Pista, revisar, aprobar / desaprobar, y cambios de auditoría de sistemas de información.

RESPUESTA MÍNIMO: Este control se dirige a un proceso de cambio corporativo definido. Esto debería ser capaz de agregar o quitar componentes de TI dentro de la red y proporcionar divisas necesarias en relación con el estado de la red. Esto no debería ser una función puramente personal de TI. Si la empresa puede permitirse el personal de infraestructura adicionales, se debe asignar un administrador de configuración; esta persona administraría el proceso de CM.

Respuesta más completa: Esto podría utilizar Comercial Frente a las Tecnologías (COTS) que podrían ser utilizados para establecer una base de datos CM más sofisticado. Esto también podría permitirse una capacidad de auditoría más capaz de evitar cambios no autorizados.

3.4.4 Analizar el impacto en la seguridad de los cambios antes de su implementación.

RESPUESTA MÍNIMO: En proceso de gestión de riesgos del NIST, se requiere que cualquier cambio en la línea de base requieren un cierto nivel de análisis técnico. Este análisis se describe como un Análisis de Impacto de Seguridad (SIA), y que está en busca de cualquier cambio positivo o negativo que se consideran relevantes para la seguridad.

Este análisis debe mirar a cualquier cambio en la arquitectura, ya sea cambios en el hardware, software, firmware, o la arquitectura. Esto se debe describir en el proceso de CM corporativa y podría ser tan básico como un relato de un miembro del equipo de TI, por ejemplo, que el cambio va o no va a tener un impacto en la seguridad, y puede o no puede ser la seguridad pertinente.

Si el cambio introduce un impacto "negativo", tales como la eliminación de las capacidades de copia de seguridad o la introducción de software actualmente insostenible (posiblemente debido a las limitaciones de financiación), es responsabilidad de la empresa para reiniciar el proceso de NIST 800-171 en total y asesorar al gobierno de la razón para el cambio.

Consulte Control CM 3.4.4 para un árbol de decisiones detallada.

Respuesta más completa: Una solución más completa a este control incluiría, por ejemplo, la adición de un nuevo producto de software que soporta el uso de análisis de vulnerabilidad antivirus corporativa y aplicaciones de malware o productos de software. Coloque estos informes como parte del registro.

En el caso de cambios de hardware, la compañía podría demostrar su proceso de SCRM adjuntando prueba de que el fabricante es un proveedor autorizado aprobado por el gobierno. El acceso al gobierno federal aprobó Productos Lista (APL) pueden requerir el Representante Oficial de Contrataciones (COR) o Funcionario Contratante (CO) para aprobar el acceso a bases de datos especificadas. La opinión positiva de estas bases de datos demostrará el nivel adecuado de diligencia debida autorización para cualquier actual o futuro para Operar (ATO).

3.4.5 definir, documentar, aprobar y hacer cumplir las restricciones de acceso físicos y lógicos asociados con cambios en el sistema de información.

MÍNIMO / respuesta más completa: "Las restricciones de acceso", están alineados con los controles de CA se discutió anteriormente. Como parte de una política corporativa CM, cualquier cambio en la línea de base que tiene que ser capturado dentro de un proceso formal aprobado por ese proceso y documentado.

La documentación se mantiene típicamente en una base de datos CM, y más específicamente, se requeriría la actualización de las listas de hardware o software. Prueba de cumplimiento sería la producción de listados actualizados que son mantenidos por la base de datos CM. Esto debe incluir la actualización de cualquier diagrama de red que describen en una forma gráfica una descripción de la red corporativa; estos son todos los requisitos explícitos bajo NIST 800-171. Estos artefactos también deben incluirse en el SSP.

3.4.6 emplean el principio de menor funcionalidad mediante la configuración del sistema de información para proporcionar capacidades únicas esenciales.

RESPUESTA MÍNIMO: Partes del gobierno han definido el uso, por ejemplo, del Protocolo de Transferencia de Archivos (FTP), Bluetooth o peer-to-peer protocolos de red como inseguros. Estos protocolos son sin autorización en muchos ambientes del gobierno federal, y las empresas que buscan la aprobación del NIST 800-171 son la mejor manera de seguir esta dirección. Cualquier procedimiento escrito debe intentar volver a evaluar al menos anualmente, si una determinación de la seguridad de todas las funciones, puertos, protocolos o servicios que están siendo correcta.

Respuesta más completa: El uso de herramientas automatizadas de paquetes de red, se recomienda llevar a cabo tales reevaluaciones. Asegurar que el personal de TI tienen la experiencia y la habilidad para proporcionar un buen análisis de este requisito de control.

3.4.7 restringir, desactivar, y evitar el uso de programas, funciones no esenciales, puertos, protocolos y servicios.

RESPUESTA MÍNIMO: los programas no esenciales, funciones, puertos y protocolos son vías principales para atacar a los posibles piratas informáticos. Todos los programas que no se utilizan para la realización de las operaciones comerciales deben ser eliminados. Cuando esto no sea posible, estos programas deben ser incluidos en listas negras para funcionar en el entorno de TI de la empresa. (Ver 3.4.8. Abajo).

En cuanto a los puertos y protocolos, esto requerirá al personal de TI participación directa en el proceso de toma de decisiones. Algunos puertos suelen ser necesarios para la operación diaria de cualquier empresa siglo 21. Por ejemplo, los puertos 80, 8080, y 443 se utilizan para enviar HTTP (tráfico web); típicamente se requieren estos puertos para estar activo.

Número de puerto	aplicación soportada

20	Presentar Protocolo de transporte (FTP) de datos
23	Telnet
25	Simple Mail Transfer Protocol (SMTP)
80, 8080, 443	Protocolo de Transferencia de Hipertexto (HTTP) → WWW
110	Protocolo de oficina de correos versión 3 (POP3)

Puertos comunes y sus protocolos asociados

Para esos puertos y protocolos que no son necesarios, deben estar cerradas por el personal de TI designados. Esto evita que los hackers se aprovechen de las entradas abiertas en la infraestructura corporativa. Asegurar una copia de todos los puertos abiertos y cerrados es fácilmente disponible a los representantes del gobierno para su revisión como parte de los requisitos del NIST 800-171.

Respuesta más completa: El negocio podría emplear herramientas que comprueban los puertos no utilizados y abiertas. Esto podría incluir una reevaluación periódica de si los puertos necesitan para mantenerse activo. Como se mencionó anteriormente, los productos como Wireshark ® podrían ser utilizados como una solución de bajo costo para llevar a cabo cualquier nueva evaluación de la infraestructura de la empresa.

3.4.8 Aplicar negar-por-excepción de orden (lista negra) para evitar el uso de software no autorizado o negar todo, permitir-por-excepción de orden (lista blanca) para permitir la ejecución de software autorizado.

MÍNIMO / respuesta más completa: La empresa debe emplear a una lista negra o lista blanca, (Consulte Control 3.14.2 para más información), para prohibir la ejecución de los programas de software no autorizado o aplicaciones dentro del sistema de información. Una copia de la lista actual debe ser parte del Cuerpo formal de Evidencia (BOE).

3.4.9 Control y monitor de software instalado por el usuario.

RESPUESTA MÍNIMA: La política siempre debe ser que sólo los administradores autorizados, tales como designado SA y el personal de asistencia de alto nivel, se permitirá añadir o eliminar software de los equipos de los usuarios.

También debe haber un proceso definido para solicitar añadirse software especializado para usuarios únicos. Estos pueden incluir el personal de finanzas, arquitectos, estadísticos, etc., que requieren un software autónomo que puede o no puede conectarse a Internet especializadas.

Respuesta más completa: Esto podría incluir como parte del proceso de auditoría normales de la compañía la revisión de si el personal es la adición de software y pasando por alto las medidas de seguridad (como obtener las contraseñas de TI autorizado individuos). Esto también puede abordarse en el AUP y apoyado por actividades de recursos humanos adecuados que pueden llevarse a cabo contra los individuos de cualquiera de tales violaciónes.

Identificación y autenticación (IA)
¿Por autenticación de dos factores es tan importante?

El 2015 la Oficina de Administración de Personal (OPM) incumplimiento podría haberse evitado si esta familia de control se aplique correctamente. El efecto de un "positivo" que el incumplimiento de la OPM causada por las agencias federales era el requisito del Congreso que estos requisitos se convirtió en obligatorio. El enfoque de Congreso sobre el uso de la autenticación de dos factores (2FA) y Multi-factor de autenticación (AMF) ha proporcionado resultados positivos para el gobierno federal y el impulso de medidas más estrictas de seguridad cibernética allá de las fronteras de TI del gobierno.

Si bien se les dará algunas empresas, por ejemplo, (PIV) tarjetas de acceso común (CAC) o tarjetas de verificación de identidad personal para llevar a cabo 2FA entre la empresa y el gobierno, la mayor parte no se autorice dicho acceso. Implementación requerirá varios niveles de inversión, y el uso de dispositivos 2FA, o también llamadas "fichas". Esto también requerirá costos financieros adicionales y desafíos de integración técnica para el negocio de la media.

Para muchas pequeñas empresas, esto también requerirá algunas inversiones considerables por parte de la empresa y un claro compromiso de trabajar con el gobierno. Soluciones podrían incluir, por ejemplo, RSA® fichas-estos son pequeños dispositivos que giran constantemente una variable de seguridad (llave) que un usuario introduce, además de una contraseña o número de identificación personal (PIN). Esta solución ofrece una solución potencial a las empresas a cumplir con el requisito 2FA.

De acuerdo con el Comité de la Cámara sobre el informe de Reforma y Vigilancia al Gobierno el 7 de septiembre, 2016, el liderazgo de la OPM no "poner en práctica la higiene básica cibernética, tales como el mantenimiento de las actuales autoridades de operar y el empleo de una fuerte autenticación de múltiples factores, a pesar de años de la advertencia del inspector general ... herramientas estaban disponibles que podría haber evitado las infracciones ..." (FUENTE: https://oversight.house.gov/wp-content/uploads/2016/09/The-OPM-Data-Breach-How-the-Government-Jeopardized-Our-National-Security-for-More-than-a- Generation.pdf)

Los mejores enfoques se requieren buenos estudios de mercado de los recursos disponibles y sean conscientes de que de dos factores no tiene por qué ser una tarjeta o una solución de fichas. Otras opciones podrían incluir datos biométricos (huellas dactilares, reconocimiento facial, etc.) o servicio de mensajes cortos (SMS) solución 2FA usadas por Amazon® para verificar sus clientes. Utilizan un proceso de verificación de dos pasos que proporciona un "código de verificación enviado al teléfono celular o teléfono de su casa personal del cliente para verificar su identidad.

Esté preparado para hacer seria "tarea" en estos controles, y la investigación de todas las soluciones posibles. Una vez que se resuelva este control, la empresa estará en una mejor posición no sólo con el gobierno sino que tenga respuestas serias que garanticen la protección de sus datos sensibles.

Requisitos de seguridad básicos:

3.5.1 Identificar los usuarios del sistema de información, procesos que actúan en nombre de los usuarios o dispositivos.

MÍNIMO / respuesta más completa: Este control debe identificar / hacer referencia a los procedimientos comerciales actuales como se indica en el control de la UA anteriormente. Se debe tratar de que la auditoría se utiliza para identificar a los usuarios del sistema, los procesos (aplicaciones) y los dispositivos (ordenadores) que se accede.

3.5.2 Autenticación (o verificar) las identidades de los usuarios, procesos o dispositivos, como un requisito previo para permitir el acceso a los sistemas de información de la organización.

RESPUESTA MÍNIMO: Si bien el inicio de sesión básica y la contraseña se podrían utilizar, Control 3.5.3 a continuación, requiere Multifactor o autenticación de dos factores (2FA). El gobierno requiere 2FA, y NIST 800-171 lo requiere así.

** Recuerde, si la empresa no se prepara inmediatamente para ejecutar una solución 2FA, se requiere un Poam.
Respuesta más completa: La mejor respuesta es el empleo de algún tipo de 2FA. Podría ser una solución símbolo duro, tal como un CAC o tarjeta PIV. La otra opción sería incluir este tipo de soluciones virtuales que utilizar el correo electrónico o la mensajería SMS como Google o Amazon ® ® para proporcionar 2FA; esta solución testigo lógico es típicamente más fácil y menos costoso de implementar. Puede ser más fácil de implementar para cumplir con el requisito del NIST 800-171.

Requisitos de seguridad derivados:

3.5.3 Uso de autenticación de factores múltiples para el acceso local y la red para cuentas privilegiadas y para el acceso a la red a las cuentas no privilegiadas.

RESPUESTA: Vea el Control 3.5.2 anterior. Asegúrese de que el requisito de la AM o 2FA son parte de la política de seguridad cibernética / procedimiento de la compañía.

Respuesta más completa: (Ver 3.5.2 Control de los enfoques sugeridos).

mecanismos de autenticación de repetición resistente 3.5.4 Emplear para el acceso a la red a cuentas privilegiadas y no privilegiados.

RESPUESTA MÍNIMO: Este control requiere tecnologías de reproducción resistente para evitar ataques de repetición. ataques de repetición son también known como un ataque de reproducción. Se trata de un ataque en el que el hacker captura el tráfico legítimo de un usuario autorizado, y, presumiblemente, un usuario de la red identificado positivamente, y lo utiliza para obtener acceso no autorizado a una red. Esto también se considera una forma de un ataque de hombre en el medio de tipo.

La solución más sencilla para resolver este control es tener personal de TI de la compañía desactivar Secure Socket Layer (SSL) -que el gobierno ya no autoriza. Las empresas deben utilizar el Transport Layer Security (TLS) 2.0 o superior; como un estándar requerido por el gobierno.

Si la empresa necesita para continuar con el uso de SSL para mantener la conectividad con, por ejemplo, los proveedores de datos externos o de terceros, se requiere un Poam. Se deben hacer esfuerzos para discutir con estos proveedores de datos cuando ya no estarán usando SSL. Esta discusión debe comenzar tan pronto como sea posible para asesorar al gobierno a través de un Poam que demuestra que la compañía está llevando a cabo su diligencia debida para proteger su CUI / CDI.

Respuesta más completa: Una solución potencialmente caro podría incluir la adición de una solución SIEM. Hay muchos grandes proveedores de la red de TI que han añadido capacidades de inteligencia artificial para detectar este tipo de ataque mejor; identificar cualquier solución cuidadosamente.

3.5.5 evitar la reutilización de identificadores para un período definido.

RESPUESTA MÍNIMO: Este control IA dirige que "individual, de grupo, papel, o de dispositivos identificadores" de ser reutilizados. Esto debe ser incluido como parte de cualquier procedimiento escrito y definido en las políticas del sistema para evitar la reutilización de los identificadores. Esto podría incluir los nombres de dirección de correo electrónico (individuales), cuentas de administrador (grupo), o los identificadores de dispositivo, tales como "finan_db" se designa un objetivo de alto valor, tales como una "base de datos financieros" (dispositivo).

La razón de este control es evitar que los intrusos que han obtenido información sobre este tipo de identificadores que tienen menos de una capacidad de utilizar esta información para un exploit de la empresa. Esto ayudará a impedir una mejor recolección de inteligencia de hacker y análisis de la red interna de una empresa. Este control está diseñado para evitar intrusos capacidades para acceder a los sistemas corporativos y su CUI residente / repositorios CDI.

Respuesta más completa: la reutilización de identificadores individuales debe ser desalentado, por ejemplo, en el caso de un empleado que regresa. Esta es una sugerencia básica: 'John.Smith@cui-company.com' podría ser variados ejemplos, 'John.H.Smith2@cui-company.com.

3.5.6 identificadores desactivar después de un período definido de inactividad.

MÍNIMO / respuesta más completa: Esto requiere que después de un ajuste de la hora de salida definido, el sistema termina su conexión. La recomendación es de 30 minutos como máximo, pero como se mencionó anteriormente, el tiempo de espera debe estar siempre basado en la sensibilidad de los datos.

3.5.7 imponer una complejidad mínima de la contraseña y el cambio de los caracteres cuando se crean nuevas contraseñas.

RESPUESTA MÍNIMO: Si el uso de contraseñas para la autenticación, la expectativa es que un Poam se ha desarrollado hasta el momento una solución 2FA o AMF está en su lugar. La complejidad norma se supone que debe ser de al menos 15 caracteres que incluyen al menos 2 o más alfa, numéricos y caracteres especiales para reducir la probabilidad de compromiso. Respuesta más completa: Aumento de la longitud y la variabilidad pueden hacerse cumplir por la configuración de directivas automatizadas de la red. Otra sugerencia es usar frases de contraseña. Estos pueden ser más difíciles de "crack" por las herramientas normales de piratería y son típicamente más fácil para los usuarios a memorizar.

Las mejores soluciones son todavía bien 2FA o MFA

Los factores:

- 1-FACTOR: algo que sabes (por ejemplo, contraseña / PIN)
- 2-FACTOR: algo que tienes (por ejemplo, dispositivo de identificación de cifrado, token)

- Multifactorial: Algo que son (por ejemplo, biométrica: huella dactilar, el iris, etc.)

3.5.8 Prohibir reutilización de contraseñas para un número determinado de generaciones.

RESPUESTA MÍNIMO: Esto normalmente se establece por la política y de la SA designado que limitan el número de veces que una contraseña puede ser reutilizado; se requieren contraseñas dentro de la mayor parte del gobierno para ser cambiado cada 90 días. Esta función debe ser automatizado por el personal de TI autorizados. reutilización sugerida de una contraseña antes debería ser al menos 10 o mayor

Respuesta más completa: Técnica ajustes se pueden establecer sin reutilización. Esto asegura que los piratas informáticos que pueden haber explotado una de otra empresa del usuario o incluso (y sobre todo) las cuentas personales, pueden menos probable que sea eficaz contra las redes de computadoras corporativas y activos.

3.5.9 Permitir el uso de contraseña temporal para los inicios de sesión del sistema con un cambio inmediato a una contraseña permanente.

MÍNIMO / respuesta más completa: Este ajuste está típicamente integrado en los sistemas normales de funcionamiento de la red. Este requisito para los usuarios debe incluirse apropiadamente en la guía procedimiento recomendado.

3.5.10 almacenar y transmitir solamente encriptada representación de contraseñas.

RESPUESTA MÍNIMO: Esto es tanto una cuestión de DIT y DAR, véase la excitación 3.1.3 para un diagrama conceptual. El personal de TI deben estar verificando periódicamente que almacena datos de contraseñas se cifran siempre.

Este control requiere que todas las contraseñas están encriptadas y aprobados por el proceso de sanción del NIST FIPS 140-2 bajo. Consulte Control de 3.13.11 para el sitio web del NIST para confirmar si una solución criptográfica es aprobada.

Respuesta más completa: sugerido mayores protecciones podrían requerir contraseñas cifradas no están emplazamiento común en el mismo servidor de aplicaciones o base de datos principal que almacena grandes porciones del repositorio de datos del negocio. Un servidor independiente (física o virtual) podría prevenir hazañas de hackers accedan a los almacenes de datos de la empresa.

3.5.11. retroalimentación oscura de la información de autenticación.

MÍNIMO / respuesta más completa: Esto es como patrón de ocultar como se describe en el Control 3.1.10. El sistema debe evitar que las personas no autorizadas puedan comprometer la autenticación a nivel de sistema por inadvertidamente observar en persona ("el surf hombro") o virtualmente (mediante la visualización de las entradas de contraseñas de usuarios privilegiados) de forma remota. Se basa en oscurecer la "retroalimentación de la información de autenticación", por ejemplo, mostrando asteriscos (*) o símbolos de almohadilla (#) cuando un usuario escribe su contraseña. Este ajuste se debe hacer cumplir de forma automática y evitar que los usuarios generales de cambiar esta configuración.

INCIDENTE de respuesta (IR)
¿Qué se hace cuando le atacan?

Respuesta a incidentes (IR) requiere principalmente un plan, una identificación de quién o qué organismo es notificado cuando se ha producido y las pruebas del plan con el tiempo una violación. Este control requiere el desarrollo de un Plan de Respuesta a Incidentes (IRP). Hay muchas plantillas disponibles en línea, y si hay una relación existente con una agencia federal, las empresas deben ser capaces de obtener las plantillas de los distintos organismos.

EVENTO→ INCIDENTE
(Menos definido / ocurrencia inicial) → (Definido / confirmado / alto impacto)
Espectro de Respuesta de Incidentes

El primer esfuerzo debe identificarse con los representantes del gobierno lo que constituye un evento de notificación obligatoria que se convierte formalmente un incidente. Esto podría incluir una violación confirmado que se ha producido a la infraestructura de TI. Incidentes podrían incluir cualquier cosa, desde una denegación de servicio (DoS), una sobrecarga del que mira hacia afuera web o servers-- electrónico o exfiltración de datos en donde CUI / CDI y los datos corporativos se ha copiado o movido a fuera del firewall de la empresa / perímetro. Los incidentes también podrían incluir la destrucción de los datos que el personal de TI de la empresa, por ejemplo, identifica a través de las actividades de auditoría en curso.

En segundo lugar, ¿quién notificar? ¿Se alertar a su Representante Oficial asignado Contrato (COR), la Oficina de Contrato, Cíbercomando estadounidense del Departamento de Defensa en Fort Meade, MD, o, posiblemente, el Departamento de Seguridad Nacional (DHS) Equipo de Respuesta a Emergencias Informáticas (CERT) (https://www.us-cert.gov/forms/report)? Representantes de la compañía tendrán que pedir a su COR asignado dónde presentar informes estándar del gobierno "incidente". Ellos deben ser capaces de proporcionar plantillas y formas específicas de la agencia.

Por último, este control de seguridad requerirá pruebas de al menos anualmente, pero se recomienda más a menudo. Hasta cómodo con el IR "informes cadena", práctica, práctica, práctica.

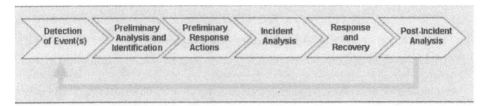

Detection of Event(s)	Preliminary Analysis and Identification	Preliminary Response Actions	Incident Analysis	Response and Recovery	Post-Incident Analysis

Departamento de Defensa Cibernética del ciclo de vida del incidente. Este diagrama del Departamento de Defensa es un ejemplo representativo de un típico "ciclo de vida de respuesta a incidentes." Se tiene la intención de ayudar en el enfoque de la empresa para las actividades de II, y tendrá una mejor asistencia en coordinación con las organizaciones de respuesta a incidentes de seguridad cibernética del gobierno. Reconociendo esto, ya sea como un "evento" (no necesariamente un indicio negativo) frente a un "incidente" es una determinación interna por el liderazgo de la compañía en coordinación con su seguridad y personal profesional de TI. Un incidente requiere específicamente que alerta al gobierno tan pronto como se reconoce la intrusión.

Verificar con la agencia respectiva sus normas de información. Por lo general, los eventos no pueden necesitar ser informado sobre la base de los efectos expansivos y cargas de trabajo a las organizaciones de respuesta de seguridad cibernética del gobierno. En el caso de incidentes, el estándar es de 72 horas; Sin embargo, la recomendación es tan pronto como sea posible debido a los impactos potenciales más allá propia infraestructura de TI de la empresa. Se puede plantear una amenaza directa y grave para la agencia federal de los entornos de TI. Siempre verificar esto con el representante asignado Oficina contrato.

La tabla a continuación clasifica DOD actual y DHS designaciones de precedencia común. Proporciona tanto una categorización estándar para eventos identificados y por lo general, la precedencia se utiliza para identificar el nivel de acción y la respuesta en función de la prioridad "severidad".

Precedence	Category	Description
0	0	Training and Exercises
1	1	Root Level Intrusion (Incident)
2	2	User Level Intrusion (Incident)
3	4	Denial of Service (Incident)
4	7	Malicious Logic (Incident)
5	3	Unsuccessful Activity Attempt (Event)
6	5	Non-Compliance Activity (Event)
7	6	Reconnaissance (Event)
8	8	Investigating (Event)
9	9	Explained Anomaly (Event)

DOD Precedencia Categorización. Nueve (9) es el evento más bajo, donde se sabe poco, y el personal de TI están tratando de determinar si esta actividad debe ser elevada para alertar dirección de la compañía o para "cerrar el partido." Un (1) es un ataque profundo. Se identifica que el incidente ha tenido acceso "root". acceso a la raíz puede ser interpretado como que el intruso tiene acceso completo a los niveles de seguridad más restrictivas de un sistema. Este tipo de acceso por lo general se interpreta a completar y el acceso sin restricciones a la red y los datos de la empresa.(Fuente: Programa de Manejo de incidentes cibernéticos, CJCSM 6510.01B, 18 de diciembre de 2014, http://www.jcs.mil/Portals/36/Documents/Library/Manuals/m651001.pdf?ver=2016-02-05-175710-897)

Requisitos de seguridad básicos:

3.6.1 Establecer una capacidad de manejo de incidente de funcionamiento para los sistemas de información de organización que incluye la preparación adecuada, la detección, el análisis, la contención, la recuperación y las actividades de respuesta de usuario.
RESPUESTA MÍNIMO: Este control se dirige a una "capacidad" que necesita ser establecido para responder a los eventos e incidentes dentro de los límites de seguridad informática de la empresa.

Esto debe incluir las personas, procesos y tecnología Modelo (PPT) como una guía recomendada para responder a muchos de los controles dentro del NIST 800-171. Mientras que las soluciones no requieren necesariamente una respuesta tecnológica, la consideración de las personas (por ejemplo, ¿quién? Qué habilidad conjuntos? Etc.) y procesos (por ejemplo, las notificaciones a la alta dirección, los flujos de trabajo de acción, etc.) se reunirán muchos de los requisitos de respuesta.

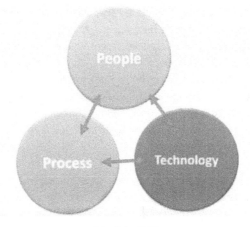

Modelo PPT

Use el ciclo de vida del incidente cibernético anterior para guiar artefacto / incidente procedimiento de manejo operativo de la compañía. Esto debería ser un anexo de la SSP. (Véase el Plan de Seguridad del sistema (SSP) Plantilla y Libro de Trabajo: Un suplemento para la comprensión de su responsabilidad cumplir con NIST 800-171 en Amazon®). El Modelo de PPT se puede utilizar para guiar y formular el anexo IRP. Un enfoque sugerido utilizando el Modelo de PPT se describe a continuación, e incluye el tipo de preguntas que deben ser contestadas para demostrar mejor la mejor manera de formular una buena PIR:

- Preparación
    - La gente: ¿Quién va a realizar la acción o actividad? Formación necesaria? ¿Conjuntos de habilidades?
    - Las políticas de formación para la seguridad cibernética y profesionales de TI para apoyar el PIR: Proceso
    - Tecnología: ¿Qué tecnología que ya existe para apoyar IR? ¿Qué tecnologías son necesarias?

- Detección
    - La gente: ¿Son el personal de TI capaz de utilizar adecuadamente las herramientas de auditoría para detectar intrusiones?
    - Proceso: ¿Cuáles son los enfoques 'mejores prácticas' para detectar intrusiones? Monitorear los registros del firewall? Monitorear la actividad del usuario?
    - Tecnología: ¿Es actual biblioteca de datos de la tecnología? Están habilitadas las actualizaciones automáticas?

- Análisis
    - La gente: ¿Están el personal de TI capaz de hacer requiere el análisis? Pueden determinar la actividad de falso positivo?
    - Proceso: ¿Cuál es la dirección del proceso quiere obtener datos eficaces y aplicables por parte del personal de TI? ¿Cuáles son las demandas de los plazos de presentación de informes inmediatos y definitivos?
    - Tecnología: ¿Son las herramientas adecuadas en el lugar? Se puede abrir soluciones de fuente / web útil? Puede DOD o el DHS proporcionar datos votos alimenta a mantenerse al corriente de las amenazas?

- Contención
    - La gente: ¿Puede el personal de detener el ataque en curso? ¿Se requieren habilidades de secuencias de comandos de codificación adicionales para construir políticas de cortafuegos / actualizar?

- o Proceso: ¿Es eficaz el proceso de contención? Se permite el ataque a seguir para identificar la entidad amenaza / lugar una buena idea (para apoyar la aplicación de la ley)?
- o Tecnología: ¿Pueden las herramientas de software de cuarentena y detener un ataque de malware? Está cerrando todas las conexiones externas una buena solución inmediata (en el firewall)?

- acciones de recuperación
  - o La gente: ¿Puede el personal de TI recuperar archivos de datos de copia de seguridad y medios de comunicación?
  - o Proceso: ¿Cuál es el orden de recuperación? Abrir bases de datos internas y comunicaciones primera y servidores externos (correo electrónico y página web) se restableció más adelante? ¿Cuáles son los estándares de tiempo de recuperación de la empresa para recuperar las operaciones comerciales? Lo que es aceptable? Lo que no es aceptable?
  - o Tecnología: ¿Hay un número suficiente de dispositivos de copia de seguridad de los sistemas críticos? Pueden los proveedores de servicios de terceros ayudar en la recuperación de datos perdidos o dañados?

- Actividades de Respuesta de Usuario
  - o La gente: ¿Pueden los empleados de manera segura volver a un estado operativo?
  - o Proceso: ¿La empresa necesita para controlar el acceso a los servicios para seleccionar las personas en primer lugar (por ejemplo, finanzas, logística, etc.)
  - o Tecnología: ¿Puede la tecnología resolver los problemas inmediatos de la vice recuperación del empleado, tales como, por ejemplo, impresoras y otros volver a seleccionar las conexiones de datos?

Respuesta más completa: En aquellas situaciones en las que el control está discutiendo específicamente una solución política, el empleo de herramientas automatizadas, alertas, etc., siempre debe ser considerado. Incluso el uso de herramientas básicas de seguimiento, tales como Microsoft ® Excel ® ® y acceso será por lo menos demostrar un nivel de control positivo sobre el entorno de TI.

3.6.2 Pista, documentos, e informe de los incidentes a los funcionarios apropiados y / o las autoridades tanto internos como externos a la organización.

RESPUESTA MÍNIMO: Este control analiza los requisitos de información basados en la gravedad del incidente como se describió anteriormente en el diagrama de precedencia Categorización de DOD. Asegúrese de alguna forma del depósito es mantenido que un auditor puede revisar en cualquier momento. Otro recordatorio es que tal información debe ser asegurada y cifrada al menos en el nivel de CUI / CDI.

Respuesta más completa: Una respuesta más completa puede incluir un depósito del servidor de ordenador dedicado que podrían estar físicamente desconectado del sistema cuando no se necesita. Esto podría evitar el acceso no autorizado si un intruso está tratando de llevar a cabo la recolección de inteligencia o de reconocimiento del sistema; esto sería negar intrusos información crítica de la red y añadir confusión para sus actividades de penetración.

Requisitos de seguridad derivados:

3.6.3 Prueba de la capacidad de respuesta a incidentes de organización.

RESPUESTA MÍNIMO: Pruebe el Plan de IR por lo menos anualmente. Esto debe incluir tanto ejercicios de penetración nocionales internos y externos. Estos pueden incluir información de inicio de sesión y contraseñas proporcionado al personal de TI designados comprometida. Asegúrese de que los resultados de la prueba están documentados, revisado y firmado por la alta dirección. Un evento de prueba de IR debe mantenerse para cualquier futura auditoría.

Respuesta más completa: Esto no es un requisito de este control y plantea muchos riesgos para el entorno de TI. No lo recomiendan esta solución; esto sólo sería necesaria en base a la sensibilidad de los datos y pruebas de penetración (PenTest) es dirigida por el gobierno. Sólo se ofrece desde hace más de una apreciación de la complejidad que implica un PenTest.

Una solución más costosa es la contratación de una empresa externa pruebas de penetración (PenTest). Asegurar que las reglas de enfrentamiento (ROE) están bien establecidos. Las reglas que se debe afirmar por tanto la empresa como el pentester, por ejemplo, es que ningún cambio involuntario o destrucción de datos está autorizado. La compañía PenTest también puede requerir una exención de responsabilidad por cualquier daño no intencional causado por el PenTest. Siempre coordinar con los profesionales del derecho con experiencia en estos asuntos para evitar cualquier daño o confusión creada por las expectativas poco claras de un PenTest.

MANTENIMIENTO (MA)
¿Cómo se toma el cuidado de él?

La seguridad MA es relativamente fácil de tratar en lo que respecta a los requisitos del NIST 800-171. Este control requiere procesos y procedimientos que proporcionan la supervisión de los proveedores de terceros que las TI ofrecen mantenimiento y soporte. Si bien esto puede parecer vagamente paranoide, la empresa está obligada a ejercer el control de todo el personal de mantenimiento que potencialmente tendrán acceso a la empresa y el gobierno del CUI residente / CDI y datos. Esto también suelen requerir escolta empresa cuyos antecedentes han sido debidamente comprobado y autorizado para supervisar los trabajadores externos.

La falta de mantenimiento o una falta de mantenimiento puede resultar en la divulgación no autorizada de CUI / CDI. La plena aplicación de este requisito está supeditado a la finalización de la CUI / regulación federal CDI propuesta y orientación que marca en el Registro CUI. (Los requisitos de marcado se han completado, y lo mejor es para referirse al Registro, https://www.archives.gov/cui/registry/category-list, Para los códigos de la industria especificados.) Estas marcas deben aplicarse a los datos de negocio CUI / CDI, así como el hardware de TI, tales como servidores, ordenadores de sobremesa, ordenadores portátiles, etc.

Requisitos de seguridad básicos:

3.7.1 realizar el mantenimiento de los sistemas de información de la organización.

RESPUESTA MÍNIMO: Este debe describir los procedimientos de mantenimiento de la compañía para su infraestructura de TI. Esto podría incluir cualquiera de los equipos de mantenimiento internos o empresas de terceros. Esto incluirá la reparación de componentes de hardware y sustituciones, reparaciones de impresoras, etc. Los acuerdos de mantenimiento deben ser proporcionados como artefactos para apoyar un paquete de autorización.

MÁS COMPLETA RESPUESTA: El mantenimiento podría incluir la identificación de repuestos de hardware en el lugar o en lugares de distribución de la compañía. repuestos operacionales deben ser manejados por personal de logística de la compañía; que deben ser capturados dentro de la base de datos de libro de propiedad y su copia en papel asociado informa al personal directivo.

3.7.2 Proporcionar un control eficaz de las herramientas, técnicas, mecanismos y personal utilizado para llevar a cabo el mantenimiento del sistema de información.

RESPUESTA MÍNIMO: Este control se refiere a herramientas utilizadas para el diagnóstico y reparación de la empresa sistema de TI / red. Estas herramientas incluyen, por ejemplo, equipos de prueba de hardware / software de diagnóstico y captura de paquetes de hardware / software. El acceso a las herramientas de hardware debe ser asegurado en contenedores con llave, y sólo accesible por el personal de TI autorizados.

En el caso de las herramientas de software, las mismas deben limitarse al personal con derechos de usuario con privilegios y auditados específicamente cuando se requiere o necesita cualquier uso.

Respuesta más completa: sugerido de control adicionales pueden incluir requisitos de integridad de dos personas. Para ello sería necesario que cuando se utilizan cualquiera de estos tipos de herramientas, debe haber por lo menos dos personas autorizadas involucradas en cualquier mantenimiento del sistema o las actividades de diagnóstico.

Requisitos de seguridad derivados:

3.7.3 Asegurarse que el equipo eliminado de mantenimiento fuera de las instalaciones es limpiada de cualquier CUI.

MÍNIMO DE RESPUESTA: Los datos de la compañía deben ser respaldados en marcha a nivel local y asegurados para un futuro vuelva a instalar en otro dispositivo de almacenamiento o en la vuelta / reparado componente de TI. Además, los datos deben específicamente ser "borrado" por una aplicación estándar de la industria para la eliminación de datos. Hay muchas herramientas de software que realizan varios "pases" de datos limpia para asegurar la desinfección de los medios de comunicación.

Respuesta más completa: Todos los informes producidos por el programa de datos "limpieza" podrían ser capturados en un registro de datos de equipos para proporcionar verificación de la acción. El mantenimiento de una copia impresa de la hoja de cálculo copia electrónica o el registro de base de datos sería útil. futuras inspecciones por parte del gobierno puede ser comprobada por este procedimiento para confirmar la aplicación continua y capacidad de repetición de este procedimiento.

3.7.4 Verificar medios que contienen programas de diagnóstico y de prueba para el código malicioso antes de utilizar los medios de comunicación en el sistema de información.

RESPUESTA MÍNIMA: La solución normal para este es llevar a cabo una exploración utilizando aplicaciones de software antivirus corporativos.

Respuesta más completa: Una solución más exhaustiva incluiría el uso de una aplicación anti-malware. programas anti-malware son más completos y proactivamente monitorear los puntos finales, es decir, ordenadores, portátiles, servidores, etc. (anti-virus no siempre está diseñado para identificar y limpiar el malware, adware, gusanos, etc., de los dispositivos de almacenamiento infectados).

3.7.5 requieren autenticación de factores múltiples para establecer sesiones de mantenimiento no locales a través de conexiones de red externas y poner fin a este tipo de conexiones no local cuando el mantenimiento se ha completado.

RESPUESTA MÍNIMO: mantenimiento no local son aquellas actividades de diagnóstico o reparación llevados a cabo durante las comunicaciones de red para incluir Internet o menos circuitos dedicados.

Esto requiere que todas las actividades externas de mantenimiento de terceros usan alguna forma de autenticación de factores múltiples (MFA) para acceder directamente a los componentes de hardware y software de empresa de TI. Si el personal de TI, que trabajan con los mantenedores externos pueden utilizar una solución de AMF entonces la compañía más probable es que tiene una sólida capacidad de soporte de TI. Si no es así, entonces este control es un buen candidato para un Poam temprana; asegurar buenas hitos se establecen para su revisión mensual, por ejemplo, "investigación en curso", "estudio de mercado de soluciones potenciales candidatos", "identificación de fuentes de financiación", etc.

Respuesta más completa: Una respuesta más completa requiere una solución técnica. Como se discutió anteriormente, el uso de CAC, tarjetas de PIV, o fichas, como el RSA ® giratorio dispositivos de cifrado de claves son soluciones ideales. Esta solución es muy probable que requieren enfoques de análisis y de financiación adicionales para seleccionar la respuesta más apropiada.

RSA token (R)

3.7.6 Supervisar las actividades de mantenimiento de personal de mantenimiento sin autorización de acceso requerido.

RESPUESTA MÍNIMO: El requisito de procedimiento debe reflejar que siempre deben ser acompañados de personal de mantenimiento ajeno a la empresa. Un registro de acceso debe mantenerse, y debe incluir, por ejemplo, los tiempos de llegada y salida de la persona o personas, la empresa representada, el equipo reparado / diagnosticado, y la escolta asignada. Mantener esta copia impresa de los registros en papel suave para fines de auditoría futuros.

MÁS respuesta completa: Procedimiento mejoras podrían incluir la verificación de antecedentes de los mantenedores de terceros y una identificación con foto en comparación con el individuo en el lugar confirmado. Estas mejoras adicionales deben basarse en la sensibilidad de los datos de la empresa. Cualquier CUI desatendida / datos CDI siempre debe ser asegurado por CUI / procedimientos-en un recipiente con cierre CDI.

MEDIOS DE PROTECCIÓN (MP)
Crear, proteger y destruir

El control de MP fue escrito para manejar los desafíos de la gestión y protección del almacenamiento de medios informáticos CUI / CDI. Esto incluiría las preocupaciones de los gobiernos acerca de los discos duros extraíbles y sobre todo la capacidad de una amenaza emplear el uso de un dispositivo de bus serie universal (USB) 'unidad flash'.

Mientras que la mayoría de usuarios son conscientes de la conveniencia de la unidad de disco USB para ayudar a almacenar, transferir y mantener los datos, sino que también es un vector de amenazas muy conocido donde los criminales y amenazas extranjeras pueden introducir malware y virus en los ordenadores de los usuarios confiados grave; el DOD, en particular, prohíbe su uso excepto en casos muy específicos y controlados.

MP es también acerca de las seguridades dadas por el negocio que se ha producido la destrucción y esterilización de dispositivos de almacenamiento de edad adecuada. Hay muchos casos en los que las agencias federales no han implementado un proceso de desinfección efectiva, y la divulgación inadvertida de datos de seguridad nacional ha sido liberada al público. Los casos incluyen empresas de salvamento descubrir discos duros y ordenadores desechados que contienen CUI / CDI y, en varios casos, la seguridad nacional información clasificada, se ha producido.

Ser especialmente consciente de que el proceso de desinfección requiere la industria de alto grado o aplicaciones aprobadas por el gobierno que se completa y efectivamente destruye todos los datos en la unidad de destino. Otros procesos pueden incluir la trituración física de la unidad o de destrucción de los métodos que impiden aún más la reconstrucción de cualquier dato virtuales por personal no autorizado.

Requisitos de seguridad básicos:

3.8.1 Proteger (es decir, controlar físicamente y almacenar de forma segura) medios sistema de información que contiene CUI, tanto en papel como digital.

FUNDAMENTO DE LA ADMINISTRACIÓN DE RIESGO:

MITIGAR O REDUCIR, NO LA ELIMINACIÓN DEL RIESGO O AMENAZA

RESPUESTA MÍNIMO: Para llevar a cabo este control el negocio debe establecer procedimientos con respecto a las dos unidades de disco / (físicos y virtuales) de CDI medios CUI. Esto debe incluir sólo el personal autorizado tenga acceso a los datos sensibles las personas y organizaciones con las necesarias verificaciones de antecedentes y entrenamiento. Una empresa puede utilizar los cimientos de otras familias de control para mitigar o reducir aún más los riesgos / amenazas.

Una empresa puede utilizar otros controles, como más formación, retención del registro de auditoría más largo, más guardias, o contraseñas más complejas para mitigar cualquier control. Esto demostraría más claramente al gobierno que la empresa tiene una aplicación positiva de estos controles de seguridad.

El uso de otros controles atenuantes dentro de NIST 800-171 son específicamente acerca de la reducción del riesgo. Cualquier intento de utilizar otras familias de controles para cumplir con un control específico mejora la postura de seguridad de la infraestructura de TI en general y es muy recomendable.

Respuesta más completa: El control de MP se puede demostrar aún más por la salvaguardia de los archivos físicos en bóvedas seguras o resistentes al fuego. Esto también podría incluir requisitos para el personal de TI sólo la emisión de recibos manuales propiedad de los equipos informáticos o dispositivos; un buen sistema de rendición de cuentas es importante.

3.8.2 Limitar el acceso a CUI en los medios de comunicación del sistema de información a los usuarios autorizados.

RESPUESTA MÍNIMO: Identificar en los documentos de política que, por su nombre, título o función, tiene acceso a la especificada CUI / CDI. Cualquier artefactos deben incluir el documento de política y asociada una lista por nombre de personal asignado el acceso de sistema, por ejemplo, sistema de contabilidad, sistema de pedidos, repositorio de patente, los registros médicos, etc.

Respuesta más completa: Una respuesta más completa podría incluir el registro de personal autorizado y proporcionar una copia impresa de accesos durante un período de un mes.

3.8.3 Desinfectar o destruir la información que contienen los medios de comunicación del sistema CUI antes de su eliminación o liberación para su reutilización.

RESPUESTA MÍNIMO: Una buena descripción de la política es una necesidad en relación con la destrucción de datos de información sensible dentro del gobierno. O bien utilizar un grado comercial de "borrar" del programa, o destruir físicamente la unidad.

Si la empresa es o bien la planificación de reutilizar internamente o vender a empresas reutilización de fuera, asegúrese de que la limpieza es de calidad comercial o aprobados por el gobierno. Hay empresas que ofrecen servicios de trituración de disco o de destrucción.

Proporcionar cualquier acuerdo de servicio que debe especificar el tipo y el nivel de destrucción de datos a los evaluadores del gobierno.

Respuesta más completa: Para cualquier evaluación, la compañía de saneamiento de los medios debe proporcionar certificados de destrucción. Eligió varios certificados de destrucción seleccionado para incluir en la presentación BOE. Por lo general, la logística y las secciones de pedidos de suministro de la empresa deben gestionar como parte del proceso de la cadena de suministro Gestión de Riesgos (SCRM).

Gestión de riesgos en la cadena de suministro es un asunto relativamente nuevo dentro del gobierno federal, pero es una gran preocupación para el gobierno. Es parte de asegurar productos de TI dentro de la empresa.

Las preguntas que se deben considerar incluyen:

- ¿Este producto es producido por los EE.UU. o por un aliado?
- Podrían falsificar artículos de TI pueden adquirir en entidades menos-que de buena reputación?
- Este producto es de TI de una productos de hardware / software que aprueba el listado?

Para más información ver el NIST 800-161, Prácticas de la cadena de suministro de gestión de riesgos para los Sistemas de Información Federal y organizaciones.(http://nvlpubs.nist.gov/nistpubs/SpecialPublications/NIST.SP.800-161.pdf).

Requisitos de seguridad derivados:

3.8.4 Media Mark con marcas CUI necesarias y las limitaciones de distribución.

RESPUESTA MÍNIMA: Esto incluye el marcado de ambos documentos físicos, así como versiones soft-copia. La mejor manera de responder a esto es haciendo referencia a los siguientes Archivos Nacionales y Administración de Registro de documentos (NARA) como parte de la guía de procedimiento de la empresa que se ocupa de este control:

- *Marcado información Sin clasificación controlado*, Versión 1.1 - 6 de diciembre de 2016. (https://www.archives.gov/files/cui/20161206-cui-marking-handbook-v1-1.pdf)

Procedimiento de ejemplo: Todo el personal de la empresa marcarán CUI / CDI, los datos físicos y virtuales, de acuerdo con el Archivo y Registro de la Administración Nacional (NARA), Marcado información Sin clasificación controlado, Versión 1.1 - 6 de diciembre de 2016. Si hay preguntas acerca de los requisitos de marcado , los empleados se refieren estas preguntas a su supervisor inmediato o el oficial CUI corporativa / CDI ".

Respuesta más completa: Esto podría incluir una captura de pantalla que muestra un representante del gobierno de que el acceso a la pantalla de datos CUI / CDI está marcado correctamente. Una empresa podría también asignar una marca especialista en CUI / CDI; esta persona debe ser una persona con experiencia en seguridad antes y familiarizado con los requisitos de marcado. Por ejemplo, este individuo podría, además, establecen sesiones trimestrales "bolsa marrón" donde el "CUI / oficial de seguridad CDI" ofrece formación durante las sesiones de la hora del almuerzo. Sea creativo al considerar medios más exhaustivas para reforzar los requisitos de control de seguridad cibernética.

3.8.5 Control de acceso a medios que contienen CUI y mantener la responsabilidad para los medios durante el transporte fuera de las áreas controladas.

RESPUESTA MÍNIMO: Este control es de esto también es una cuestión de sólo las personas autorizadas (mensajeros) estar autorizado por los controles de posición, de formación y de seguridad que deben ser considerados cuando la empresa necesita para el transporte de CUI / CDI "transporte fuera de las áreas controladas." externo a su típica ubicación corporativa.

Las personas deben ser proporcionados tarjetas de mensajería u órdenes que están firmadas por un representante autorizado de empresa suele encargarse de la supervisión de las cuestiones de seguridad. Esto podría ser, por ejemplo, el directivo de la empresa de seguridad, información del sistema Administrador de seguridad (SSM), o su representante designado. Estas personas deben ser fácilmente conocidos por otros empleados y directivos que han exigido para mover CUI / CDI a lugares fuera. Esto demostraría que hay disponible y el personal de guardia basado en la misión de la empresa y las prioridades. Esto también debe ser un grupo limitado de personal de gestión que se basa en para tales servicios de mensajería externos.

Respuesta más completa: La empresa podría contratar a un contrato de servicio fuera de los medios de comunicación que transporta tanto físicos e informáticos que contienen CUI / CDI basa en la misión de la empresa.

3.8.6 implementar mecanismos criptográficos para proteger la confidencialidad de CUI almacenada en medios digitales durante el transporte a menos que de otra manera protegida por medidas de seguridad físicas alternativas.

RESPUESTA MÍNIMO: Este es un tema en el resto de datos (DAR). Consulte Control 3.1.3 para representación. La recomendación es que todos los archivos CUI / CDI necesita ser encriptada. Una aplicación común que se ha utilizado es BitLocker ®. Proporciona protección de contraseña para "bloquear" cualquier medio transportable. No es la única solución, y hay muchas soluciones que pueden ser utilizados para asegurar DAR.

La longitud de clave de 256 bits es el estándar común para aplicaciones de cifrado comerciales y gubernamentales para discos duros, unidades extraíbles, e incluso dispositivos USB. El gobierno requiere DAR siempre debe estar encriptada; lo mejor de recursos y herramientas de investigación aceptables que el Gobierno apoya y reconoce es.

Respuesta más completa: El refuerzo de este control pueden incluir el uso de medidas de seguridad física mejoradas. Esto podría incluir fundas de transporte con cierre endurecido y. Sólo los empleados autorizados deben de transporte designados CUI / CDI. Esto también debe ser capturado en el BOE presentado.

3.8.7 controlar el uso de medios extraíbles en los componentes del sistema de información.

RESPUESTA MÍNIMO: Identificar en la política corporativa los tipos y clases de medios extraíbles que se pueden conectar a los ordenadores de sobremesa y portátiles fijos. Estos podrían incluir discos duros externos, unidades ópticas o unidades USB.

Fuertemente recomendar que el pulgar no se utilizan unidades; si es necesario, a continuación, designar personal de seguridad de TI que pueden autorizar su uso restringido. Esto también debería incluir antivirus / exploraciones de malware antes de su uso.

Respuesta más completa: unidades de medios extraíbles pueden ser "bloqueados" por los cambios en la configuración del registro del sistema; el personal de la empresa debe ser capaz de prevenir este tipo de dispositivos designados tengan acceso a la computadora y el acceso a la red de la empresa.

3.8.8 Prohibir el uso de dispositivos portátiles de almacenamiento cuando tales dispositivos no tienen dueño identificable.

RESPUESTA MÍNIMO: Esto se debe establecer en el procedimiento de la empresa. Si se encuentran tales dispositivos, deben ser entregados a la seguridad, y se escanean inmediatamente por cualquier virus, malware, etc.

Respuesta más completa: Como se describe en el Control 3.8.7, personal de TI puede bloquear dispositivos no autorizados se adhiera al ordenador / red mediante la actualización de la configuración del registro.

3.8.9 proteger la confidencialidad de CUI copia de seguridad en los lugares de almacenamiento.

RESPUESTA MÍNIMO: Este es un tema en el resto de datos (DAR). Consulte Control 3.1.3 para una representación. Consulte Control 3.8.6 para los requisitos propuestos para la protección de CUI / CDI en virtud de una solución DAR.

Respuesta más completa: Ver 3.8.6 Control de los medios adicionales para proteger CUI / CDI.

Personal de seguridad (PS)
Verificaciones de antecedentes

Este es un control relativamente simple. Es muy probable que ya se lleva a cabo dentro de la empresa y sólo requiere documentos de procedimiento se proporcionan en la presentación. Esto debe incluir tanto la verificación de antecedentes penales y civiles utilizando una empresa de confianza que puede procesar los controles de antecedentes individuales a través de la Oficina Federal de Investigaciones (FBI). Comprobación de fondo empresas también pueden hacer otras formas de controles de personal para incluir presencia en los medios sociales individuales o cuestiones de solvencia financiera que pueda evitar cualquier vergüenza futuro para la empresa.

Mientras que estos controles no están bien definidos para la compañía de bajo NIST 800-171, se debe cumplir con las normas gubernamentales mínimos para una revisión confianza pública. Discutir con el oficial de contrato ¿Qué se cumplirán los requisitos que sugieren para proporcionar el nivel de antecedentes que se requiere para cumplir el requisito del NIST 800-171. Además, siempre es mejor trabajar con recursos humanos y expertos legales en la formulación de una política de seguridad personal para incluir los tipos y clases de investigaciones están en conformidad con las leyes estatales y federales en esta área.

Requisitos de seguridad básicos:

3.9.1 Pantalla individuos antes de autorizar el acceso a los sistemas de información que contienen CUI.

RESPUESTA MÍNIMO: Este control requiere algún tipo de verificación de antecedentes se llevó a cabo para los empleados. Hay una serie de empresas que pueden proporcionar la verificación de antecedentes penales y civiles en base a la información personal del individuo y sus huellas dactilares.

La empresa debe capturar su proceso de recursos humanos en relación con la verificación de antecedentes en el documento de procedimiento de la empresa de seguridad cibernética. También es importante abordar cuando se requiere una nueva investigación. La sugerencia es por lo menos cada 3 años o desde su reconocimiento por los administradores de posibles ocurrencias legales que pueden incluir problemas financieros, violencia doméstica, etc. Este control debe ser muy integrada con la de recursos humanos de la empresa y las políticas legales.

Respuesta más completa: Algunas compañías de fondo pueden, por un costo adicional, llevar a cabo una vigilancia activa de los individuos cuando los grandes cambios personales o financieros se producen en la vida de una persona. compañía de guías de procedimientos de actualización con todos los detalles del proceso establecido de la compañía.

3.9.2 Asegúrese de que CUI y sistemas de información que contienen CUI están protegidos durante y después de las acciones de personal tales como terminaciones y transferencias.

RESPUESTA MÍNIMO: Este control se trata de procedimientos con respecto a si la supresión es amistoso o no. Siempre tienen términos claros acerca de la no retirada de los datos corporativos y CUI / CDI después de la salida de la compañía para incluir bases de datos, listas de clientes, y los datos propietario / IP. Esto debe incluir implicaciones legales por violación de la política.

Respuesta más completa: La solución técnica podría incluir la supervisión por parte del personal de TI de toda actividad de la cuenta durante el período de procesamiento a cabo. Esto también podría incluir inmediata de la cuenta de cierre patronal en la fecha de salida. También recomiendan que se producen cambios en todas las combinaciones de bóveda, construcción de accesos, etc., que el individuo tenía acceso específico a durante su mandato.

Requisitos de seguridad derivados: Ninguna.

PROTECCIÓN FÍSICA (PP)
Guardias y fosos ....

La seguridad física es parte de la protección general de la empresa de sus personas e instalaciones. Un hecho poco conocido es que el principio rector para cualquier profesional de la seguridad cibernética es cierto para proteger la vida y la seguridad de las personas admitidas. Este control también se trata de la protección de daños a los activos de la empresa, las instalaciones o equipos; esto incluye cualquier pérdida o destrucción de los equipos informáticos de material obtenido por el control de seguridad del PP. Esto controla las direcciones de la seguridad física, que también incluye elementos tales como guardias, sistemas de alarma, cámaras, etc., que ayudan a la empresa a proteger sus datos confidenciales de la empresa y, por supuesto, su NIST 800-171 CUI.

No hay límites sobre cómo reforzar de una empresa "muros del castillo," sino para cualquier propietario, el costo es siempre una consideración importante. La protección de vital importancia CUI / CDI aunque en principio parece expansiva bajo este control permite una flexibilidad razonable. Una vez más, la compañía determinará su éxito razonablemente bajo los controles del NIST 800-171. "Éxito" se puede definir desde el punto de vista de la empresa respecto de la complejidad o el coste, pero debe estar preparado para defender a cualquier propuesta de solución a los asesores del gobierno.

Requisitos de seguridad básicos:

3.10.1 Limitar el acceso físico a los sistemas de organización de la información, el equipo y los respectivos entornos operativos a las personas autorizadas.
RESPUESTA MÍNIMO: De importancia para este control, está limitando el acceso a los servidores de datos empresariales, dispositivos de copia de seguridad y, en concreto, el "granja ordenador" Si la empresa es el mantenimiento de los dispositivos en sus instalaciones, a continuación, la política debe tratar que haya autorizado el acceso a dicha sensibles áreas.

Si la corporación es el uso de un fuera de sitio proveedor de servicios cloud (CSP), la captura en parte o secciones completas de los acuerdos de servicio CSP específicos a las medidas de seguridad física. Ambos tipos de arquitecturas de computadora deben abordar, por ejemplo, áreas de interés, tales como registros de acceso, después de horas de acceso, monitoreo de la cámara, acceso no autorizado criterios de información, tipos y clases de dispositivos de defensa de la red, tales como detección de intrusiones y sistemas de prevención (IDS / IPS), etc., como parte del procedimiento corporativo.

Respuesta más completa: Esto podría incluir alerta activa tanto a personal de seguridad y de gestión que incluye llamadas telefónicas, alertas de correo electrónico o mensajes de texto SMS al personal de seguridad de la empresa designados. Las medidas de seguridad y los umbrales de alerta deben ser impulsadas por la sensibilidad de los datos almacenados. La administración debe hacer determinaciones basadas en el riesgo de los costos y los retornos sobre la eficacia de conducir la política corporativa para este control, así como otras soluciones.

3.10.2 proteger y supervisar la instalación física y la infraestructura de apoyo a esos sistemas de información.

MÍNIMO / respuesta más completa: Este control se puede abordar de muchas maneras por las medidas de seguridad físicas. Esto debe incluir puertas cerradas, cerraduras de cifrado, cajas fuertes, cámaras de seguridad, fuerzas de guardias, etc. Este control debe ser contestada por las protecciones físicas actuales que impiden la entrada directa en la empresa y el acceso físico a sus dispositivos y redes informáticas.

Requisitos de seguridad derivados:

3.10.3 acompañar a los visitantes y los visitantes monitor de actividad.

RESPUESTA MÍNIMA: Mucho como se describe bajo el control MA arriba, como medidas de seguridad como se describe en el Control 3.7.6 debe ser empleado.

MÁS respuesta completa: También, refiérase a Control 3.7.6 de mayores medidas de seguridad que se pueden utilizar para demostrar el cumplimiento más completo con este control.

3.10.4 Mantener registros de auditoría de acceso físico.

MÍNIMO / respuesta más completa: Consulte Controlar 3.7.6 para los elementos de registro de auditoría sugeridas. Esto debería abordar el personal operativo durante y después de la introducción de la hora en la empresa y sus instalaciones. Esto debe incluir registros específicos a los proveedores y subcontratistas de terceros externos; cualquiera de dichos procedimientos deben aplicarse también a aquellos individuos que no son empleados directos.

3.10.5 dispositivos de acceso físico de control y gestionar.

RESPUESTA MÍNIMO: Este control requiere que los dispositivos de acceso físicos, tales como tarjetas de seguridad, combinaciones y teclas físicas son gestionados a través tanto de procedimiento y los registros (físicos o automatizados). La empresa tiene que demostrar al gobierno sus medidas de seguridad positivas para proteger sus datos CUI / CDI. Mientras que este control puede parecer más fácil que los ajustes de control de la política técnicos utilizados por la empresa para sus sistemas de TI, no es menos importante.

Respuesta más completa: Si no está ya en su lugar, identificar y separar las funciones de seguridad física (por ejemplo, oficial de protección de la instalación, etc.) de las funciones de seguridad técnicas administradas por el personal de TI de las empresas con las habilidades y experiencias requeridas. Las empresas deben evitar deber-fluencia sobre su personal de seguridad cibernética y definir las funciones y responsabilidades entre sus funciones clásicas de seguridad (por ejemplo, físicos, seguridad personal, etc.) y las funciones y responsabilidades de su fuerza de trabajo cibernético que pueden reducir su eficacia de ambas áreas de seguridad.

---

mano de obra ciberseguridad deber-fluencia es un hecho de la vida real; Las empresas están cambiando, sin saberlo, en general funciones de "seguridad" del personal de seguridad clásicos a los profesionales de la seguridad cibernética crear brechas de seguridad de una compañía o agencia

---

3.10.6 Hacer cumplir las medidas de salvaguardia para CUI en los sitios de trabajo alternativos (por ejemplo, sitios de trabajo a distancia).
RESPUESTA MÍNIMO: (Vea Control 3.1.3 para la explicación del DAR y DIT). Este control puede ser tratado fácilmente mediante soluciones de aplicación DAR. Ordenadores portátiles siempre deben ser protegidos con contraseña; esto debe ser parte de cualquier documento central política de seguridad cibernética y aplicada por las soluciones técnicas desplegadas por personal de la empresa de TI. Además, las protecciones DIT pueden obtenerse de VPN corporativa y soluciones 2FA / AMF.

Respuesta más completa: La empresa debe establecer requisitos mínimos para la protección de teletrabajo. Esto podría incluir, por ejemplo, el trabajo debe llevarse a cabo en un área físicamente asegurable, la VPN se debe utilizar siempre, los activos corporativos no deben utilizar las redes no seguras, como en cafeterías, restaurantes de comida rápida, etc. Esto también podría incluir un explícito contrato de teletrabajo para los empleados antes de ser autorizado el permiso teletrabajo, y debe estar estrechamente coordinada con los recursos humanos y expertos legales.

Evaluación del riesgo (AR)
Se trata de cambios en la infraestructura

El control de la AR se basa en un proceso continuo para determinar si los cambios en el hardware, el software o la arquitectura crean ya sea un importante efecto positivo o negativo relevante para la seguridad. Esto normalmente se realiza mediante el uso de una solicitud de cambio (CR). Si una actualización a, por ejemplo, la ventana 10 ® Host Secure software de sistema operativo de línea de base, y mejora la postura de seguridad de la red, es necesaria una evaluación del riesgo (AR) y el análisis del riesgo asociado debe ser realizada por personal técnico autorizado. Esto podría tomar la forma de un informe técnico que acepta gestión de su personal de TI para su aprobación o desaprobación del cambio. Gestión, trabajando con su personal de TI, debe determinar los umbrales cuando una actividad formal de la AR tiene que ocurrir.

El proceso RA ofrece una gran cantidad de flexibilidad durante la vida útil del sistema y debe ser usado cuando otro-que, por ejemplo, se aplican una nueva aplicación o parches de seguridad. Parches de seguridad las actualizaciones normalmente se integran en los sistemas operativos y aplicaciones. El personal de TI también deben comprobar periódicamente de forma manual para los parches funcionales normales y actualizaciones de parches de seguridad de los sitios web de las compañías de software.

efectos relevantes para la seguridad "negativo" en la infraestructura de TI corporativa incluyen, por ejemplo, un importante evento de re-arquitectura o el paso a un proveedor de servicios de nube. Mientras que estos eventos pueden no parecer "negativo" estándares NIST requieren una reevaluación completa. En otras palabras, planificar en consecuencia si la empresa va a embarcarse en una importante revisión de su sistema informático. Habrá una necesidad en estas circunstancias a tener en cuenta los impactos a la corriente Autoridad de la empresa para operar (ATO). Este tipo de evento por lo general requieren que el proceso NIST 800-171 es hecho de nuevo; el trabajo previo en términos de políticas y procedimientos se puede reutilizar para recibir una ATO actualizada.

debajo del árbol de decisiones está diseñado para ayudar a una empresa determinar cuándo se debe considerar un RA:

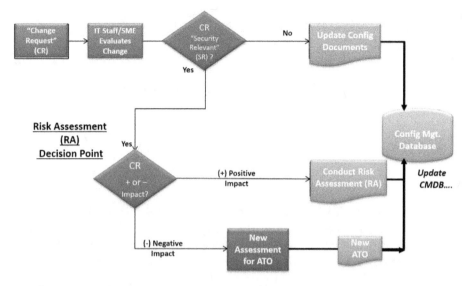

Árbol de decisiones Dirigiéndose a la evaluación de riesgos y "Seguridad Relevancia"

Requisitos de seguridad básicos:

3.11.1 evaluar periódicamente la riesgo para las operaciones de organización (incluyendo misión, funciones, imagen o reputación), activos de la organización, y los individuos, resultante de la operación de los sistemas de información de la organización y el procesamiento, almacenamiento o transmisión asociada de CUI.

RESPUESTA MÍNIMO: se requieren de RA cuando hay un cambio "importante" ya sea debido a un cambio de hardware (por ejemplo, la sustitución de un viejo servidor de seguridad con un nuevo Cisco ® firewall), actualizaciones de versiones de software (por ejemplo, pasar de Adobe ® 8,0 y 9,0), o cambios en la arquitectura (por ejemplo, la adición de una nueva unidad de copia de seguridad). La consideración es siempre acerca de cómo este cambio en la configuración de línea de base es o bien un positivo (normal) o negativa (preferiblemente, muy poco probable)?

Es importante describir el proceso RA corporativa en términos de cambio necesario y el riesgo general al sistema informático. Esto debe incluir que lleva a cabo la parte técnica de la AR y que, en la alta dirección, por ejemplo, el director de operaciones (COO) o Jefe de Información (CIO) que determina su aprobación final.

Esto es tan nuevo para Contratación Federal como lo es para la empresa;
Entendemos que habrá "dolores de crecimiento" como **el Gobierno** continúa para definir mejor sus procedimientos

Si bien no se discute a fondo como parte de este libro, la integración del NIST 800-171 con la contratación del gobierno federal está en su infancia. Lo mejor es coordinar y asesorar al gobierno Oficiales de Contrato de cualquier cambio. Siempre es la "mejor práctica" para mantener una historia del desarrollo de la AR y la aprobación para una futura auditoría.

Respuesta más completa: La implementación de un proceso de RA más definida podría incluir formatos estandarizados para artefactos con AR. Esto podría incluir un informe técnico escrito por el personal de TI con conocimientos sobre un cambio, o una forma simplificada que permite una lista de control similar. También podría emplear una empresa de terceros exterior que formalizaría una revisión de los cambios y su análisis del impacto global de la seguridad del sistema.

Requisitos de seguridad derivados:

3.11.2 Analizar en busca de vulnerabilidades en el sistema de información y aplicaciones periódicamente y cuando se identifican nuevas vulnerabilidades que afectan al sistema.

RESPUESTA MÍNIMO:Este control requiere que la empresa (propietario del sistema) analiza periódicamente en busca de vulnerabilidades en el sistema de información y aplicaciones alojadas en base a una frecuencia definida o aleatoria en base a una política o procedimiento establecido. Esto también se supone que se aplicarán cuando se identifican nuevas vulnerabilidades que afectan al sistema o aplicaciones.

La forma más sencilla de hacer frente a este

Recordatorio
Suministro Gestión de riesgos en la cadena (SCRM)
El desarrollador de software con sede en Rusia, soluciones ® anti-virus de Kaspersky

control es el uso de anti-virus y anti-malware de la empresa-niveles de versiones de software. Los principales actores en estas áreas incluyen Symantec ®, McAfee ®, y Malwarebytes ®. documentos de procedimiento deben describir los productos que se utilizan para hacer frente a "nuevas vulnerabilidades" que utilizan estas soluciones. Ver también sistema y la información de integridad (SI) como control de refuerzo para este control RA.

Respuesta más completa: una aplicación más completa sugerido podría ser el aprovechamiento de los servicios ISP compañía también está identificado para proporcionar una capa de defensa secundaria como una forma de conexión "de confianza". Esto podría incluir cualquier SLA disponibles que definen la capacidad del proveedor de servicios para mitigar estas amenazas adicionales mediante el empleo de listas blancas y listas negras de los servicios; Estos servicios están diseñados para permitir o restringir el acceso en función de una lista de control de acceso (ACL). Ver 3.14.2 control para una descripción más detallada.

3.11.3 vulnerabilidades remediar, de acuerdo con las evaluaciones de riesgo.

RESPUESTA MÍNIMO: Por lo general, las aplicaciones de seguridad anti-malware y antivirus no sólo puede detectar, pero quitar y poner en cuarentena el software malicioso. Actualización de la documentación correspondiente.

Este control también se ocupa de "vulnerabilidades" que son creados por no cumplir con un control específico dentro de las familias identificadas NIST 800-171. Para hacer frente a estas actividades de re-evaluación, es normal para actualizar la documentación Poam sistema con razones explícitas ningún tipo de control no se cumple en su totalidad. Esto debería tratar de responder a lo que se emplean soluciones de mitigación? Cuando, en una fecha específica, se corregirá la vulnerabilidad?

Respuesta más completa: Algunos medios adicionales para abordar mejor este control RA es a través de otros servicios externos que pueden apoyar los esfuerzos de remediación en curso. Esto podría incluir a los proveedores ISP o el servicio de la nube de la compañía. Esto también podría incluir exámenes periódicos de POAMs por tanto la dirección como el personal de soporte de TI del personal, por ejemplo, mensual o trimestral.

EVALUACIÓN de seguridad (SA)

A partir continuos de vigilancia y control Críticas

El control SA es acerca de un proceso que re-evalúa el estado de todos los controles de seguridad y si se han producido cambios que requiere medidas de mitigación adicionales de nuevos riesgos o amenazas. El estándar es de 1 / tercero de los controles son para ser re-evaluado anualmente. Esto requeriría designado personal de TI realizar un evento SA de aproximadamente 36-37 controles por año. Esto debe ser capturado en lo que se llama un Plan ConMon. (Véase el Apéndice D, SEGUIMIENTO CONTINUO: un análisis más detallado es una discusión en profundidad de la situación actual y futura de monitoreo continuo y lo que puede significar para las empresas).

Monitoreo continuoes un componente clave del marco de protección de la seguridad cibernética serie NIST 800. Se define como "... mantener la conciencia permanente de seguridad de la información, vulnerabilidades y amenazas para apoyar las decisiones de gestión de riesgos de la organización," (NIST Special Publication 800-137, seguridad de la información de supervisión continua (ISCM) para los sistemas de información y organizaciones federales,http://nvlpubs.nist.gov/nistpubs/Legacy/SP/nistspecialpublication800-137.pdf).

ConMon es un principio rector importante para la ejecución recurrente de una Evaluación de Seguridad

---

Requisitos de seguridad básicos:

3.12.1 Evaluar periódicamente los controles de seguridad en los sistemas de información de la organización para determinar si los controles son efectivos en su aplicación.

RESPUESTA MÍNIMO: Como se describe en el párrafo inicial, el cumplimiento de los requisitos básicos del control de evaluación de seguridad debe incluir la creación de un Plan de ConMon y una revisión de 33% de los controles por lo menos anualmente.

Respuesta más completa: una ejecución más a fondo podría incluir más de 33% de los controles en proceso de revisión y volvió a evaluar; se sugiere para proporcionar los resultados de las evaluaciones de seguridad anuales para la contratación del gobierno o sus destinatarios designados.

3.12.2 Desarrollar e implementar planes de acción diseñado para corregir las deficiencias y reducir o eliminar las vulnerabilidades de los sistemas de información de la organización.

RESPUESTA MÍNIMO: Cuando el control de seguridad no se aplique plenamente por la empresa o no reconocida por el gobierno como siendo totalmente compatible, un Poam detallada es necesario; revisar la guía bajo el control de CA para una discusión más detallada de lo que se requiere en la preparación de un Poam para su revisión.

Como se describió anteriormente, esto debe incluir actividades que están destinados a responder a la de control en otros elementos físicos y virtuales completos o al menos apalancamiento de otros controles de seguridad para reforzar la postura del control en cuestión. Un Poam bien escrito que se controlar y administrar sirve como la base para un proceso de gestión de riesgo fuerte.

> *La seguridad cibernética es un liderazgo, no es un desafío*

Respuesta más completa: Las revisiones periódicas de la gestión y el personal de TI deben mejorar la postura de seguridad cibernética de la compañía.

Ciberseguridad no es sólo algo que hacerlo personal de seguridad; que incluye la supervisión activa y la revisión por la dirección corporativa para garantizar su eficacia.

3.12.3 controles del monitor de seguridad del sistema de información de manera continua para garantizar la eficacia permanente de los controles.

RESPUESTA MÍNIMO: Este control se puede responder en términos de un plan de ConMon bien desarrollado y ejecutado. Al describir su objetivo y las acciones del personal asignado para llevar a cabo esta tarea responderá este control.

Respuesta más completa: Sugerido esfuerzos adicionales con respecto a este control podrían incluir controles sobre el terreno ad hoc de los controles fuera del proceso de revisión anual. Identificar mediante el Modelo de Control PPT se describe en 3.6.1, que se encarga de realizar la evaluación (personas), el flujo de trabajo para evaluar adecuadamente el estado actual del control (proceso), y cualquier automatización de apoyo que proporciona retroalimentación e informar a la gestión (tecnología).

1.12.4 Desarrollar, documentar y actualizar periódicamente los planes del sistema de seguridad que describen los límites del sistema, los entornos de sistemas de funcionamiento, cómo se implementan los requisitos de seguridad, y las relaciones con o conexiones a otros sistemas.

RESPUESTA MÍNIMO: este control requiere que la SSP se actualiza regularmente. El PPB debe como mínimo ser revisado anualmente por el personal de seguridad cibernética / TI de la empresa designada para asegurar su exactitud. El PPB debe ser actualizado específicamente antes si hay cambios importantes en el:

- Hardware
- Software
- Arquitectura de red / Topología

Respuesta más completa: Un medio más completo para hacer frente a este control es abordando en los tableros de control de cambios de la empresa. Estas son reuniones regulares cuando se producen cambios en el hardware, software o arquitectura. Esto debe incluir mecanismos para documentar la aparición de aplicaciones y parches de seguridad. Un procedimiento efectivo siempre debe hacer frente a los cambios en el sistema informático.

Requisitos de seguridad derivados: Ninguna.

SISTEMA DE COMUNICACIONES Y PROTECCIÓN (SC)
La comunicación externa y la seguridad de la conexión

La estrategia general de gestión de riesgos es un elemento clave en el establecimiento de las soluciones adecuadas técnicas, así como la dirección y la orientación de procedimiento para la compañía. El núcleo de este control es la seguridad que establece la política basada en las leyes federales aplicables, órdenes ejecutivas, directivas, reglamentos, políticas, normas y directrices. Este control se centra en la política de seguridad de la información que puede reflejar la complejidad de una empresa y su funcionamiento con el gobierno. Los procedimientos deben ser establecidas para la seguridad de la arquitectura de TI en general y específicamente para los componentes (hardware y software) del sistema de información.

En este control, muchos de los controles de refuerzo anteriores se pueden utilizar para demostrar al gobierno una comprensión más completa de NIST 800-171 requisitos. La repetición aparente de otras soluciones técnicas ya desarrolladas y las guías de procedimiento se puede usar como apoyo a estos controles. Sin embargo, es importante que los procedimientos corporativos se abordan de forma individual-esto es para fines de trazabilidad de cualquier potencial de auditoría actual o futuro de trabajo de la empresa por el gobierno; explicaciones claras y alineadas de los controles harán que el proceso de aprobación más rápida.

Requisitos de seguridad básicos:

3.13.1 monitor, controlar y proteger las comunicaciones de la organización (es decir, la información transmitida o recibida por los sistemas de información de la organización) en los límites externos y los límites internos clave de los sistemas de información.

RESPUESTA MÍNIMO: Este control puede ser respondida en el procedimiento corporativo e incluyen, por ejemplo, auditoría activo que los controles de acceso no autorizado, los individuos (externos) que han tenido numerosas inicios de sesión fallidos, y entrando en el tráfico de la red desde direcciones "lista negra", etc. la compañía debe hacer referencia a su procedimiento de auditoría específico como se describe en más detalle bajo el control AU.

Respuesta más completa: Este control podría ser mejor conoció como antes discutida mediante el uso de servidores de seguridad "inteligentes" y avanzó soluciones SIEM. Mientras más costoso y que requiere una mayor experiencia técnica, liderazgo empresarial debe tener en cuenta. Estas soluciones aunque no necesariamente rentable para el estado actual de la empresa, que deben ser considerados como parte de cualquier esfuerzo futuro cambio de arquitectura. Cualquier esfuerzo de planificación deben considerar la compra de tecnología actuales y futuras destinadas a mejorar la postura de seguridad cibernética de la empresa. Véase el Apéndice D para obtener una descripción más amplia de tecnologías SIEM y cómo pueden formar parte de la infraestructura de TI.

3.13.2 Emplear diseños arquitectónicos, técnicas de desarrollo de software, y los principios de ingeniería de sistemas que promuevan la seguridad de la información eficaz dentro de los sistemas de información de la organización.

MÍNIMO / respuesta más completa: Al describir las medidas de seguridad eficaces de diseño arquitectónico puede ser tan simple como el empleo de un cortafuegos bien configurado o 2FA / MAE utilizado por la empresa. Es altamente probable que la empresa promedio en busca de contratos con el gobierno será específico de arquitecturas básicas y seguras.

Otros elementos de mitigación que pueden ser descritos para este control pueden incluir medidas de seguridad físicas (por ejemplo, una fuerza de guardia de 24 horas, puertas reforzadas contra incendios, y cámaras) o medidas de lista negra que impiden que las aplicaciones no autorizadas de ejecutar en la red corporativa. Consulte Control 3.13.10 de cómo opera 2FA interno o externo a la red de una empresa.

Requisitos de seguridad derivados:

3.13.3 funcionalidad de usuario independiente de la funcionalidad de gestión de sistema de información.

RESPUESTA MÍNIMA: La política no debe permitir que los usuarios con privilegios para utilizar las mismas credenciales para acceder a su usuario (por ejemplo, correo electrónico e Internet búsquedas) y accesos de usuarios privilegiados. Esta separación de acceso es un principio básico de seguridad de red y está destinado a obstaculizar tanto con información privilegiada y las amenazas externas. (A sugirió revisión de un control similar es el Control de 3.1.4, y su discusión de la segregación de principio deber para la comparación.)

Respuesta más completa: Existen soluciones técnicas para automatizar este proceso. El producto, por ejemplo, CyberArk ® se utiliza en muchas partes del gobierno federal para realizar un seguimiento y dar cuenta de la actividad del usuario privilegiado que es fácilmente verificable. La capacidad para supervisar la actividad del usuario, especialmente privilegiada debe ser auditado fácilmente y revisado por altos representantes de la empresa de seguridad cibernética.

3.13.4 evitar la transferencia de información no autorizada e involuntaria a través de recursos compartidos del sistema.

MÍNIMO DE RESPUESTA: Las redes peer-to-peer no está autorizado en muchas partes del gobierno, y se sugiere fuertemente la red de la empresa también prohíbe su uso. Esto es típicamente parte de la política de uso aceptable y debe ser ejecutable para evitar, por ejemplo, las oportunidades de amenazas internas o externas utilizado por los hackers para obtener acceso no autorizado el uso de credenciales legítimas de seguridad de los empleados.

MÁS respuesta completa: Se sugiere que esto es parte de la actividad normal de las auditorías por parte del personal de TI designados. Podrían estar revisando los registros de auditoría para las conexiones no autorizadas para incluir la creación de redes peer-to-peer.

3.13.5 Implementar subredes para los componentes del sistema de acceso público que están separadas físicamente o lógicamente de redes internas.

MÍNIMO / respuesta más completa: La respuesta más simple es que las subredes reducen la capacidad de un intruso para explotar de manera efectiva las direcciones de la red corporativa. Haga que el personal de TI establecer subredes específicamente para el correo electrónico y servidores web que están en la zona desmilitarizada externa (DMZ) del límite de seguridad de la persona jurídica; ver 3.14.2 control para la ubicación de una zona desmilitarizada en relación con la red de la empresa. Algunas compañías mantienen servidores de bases de datos externas; garantizar que ellos también tienen direcciones de subred establecidos.

3.13.6 denegar el tráfico de comunicaciones de red por defecto y permitir el tráfico de comunicaciones de red por excepción (es decir, negar todo, permiso por excepción).

MÍNIMO / respuesta más completa: Al igual que el Control 3.4.8, este control puede ser seleccionado por el personal de TI. Esta es una técnica de control que también deben ser capturado en el documento de procedimiento. Estos ajustes de red se establecen normalmente en el firewall e implican listas blancas (sólo permite el acceso de excepción) y listas negras (de direcciones no autorizadas de Internet) todos los demás para entrar en la red. (También, revisión de control de 3.14.2.)

3.13.7 dispositivos remotos Evitar que establecer simultáneamente conexiones no remotas con el sistema de información y comunicación a través de alguna otra conexión a los recursos en redes externas.

MÍNIMO / respuesta más completa: Si un empleado de teletrabajo usa su dispositivo remoto (es decir, ordenador portátil) y, a continuación, se conecta a una conexión no remoto (externo), que permite una conexión externa no autorizada de existir; esto proporciona un hacker potencial con la capacidad de entrar en la red utilizando credenciales del empleado autorizado.

Es fundamental que la empresa requiere que los empleados utilicen su conexión VPN y bloquea las conexiones no seguras de acceso a los sistemas internos o aplicaciones. el personal de TI necesitan para asegurar que estos ajustes son configurados correctamente y son parte de la documentación de procedimiento ciberseguridad corporativa.

3.13.8 Implementar mecanismos criptográficos para evitar la divulgación no autorizada de CUI durante la transmisión a no ser que de otra manera protegida por medidas de seguridad físicas alternativas.

RESPUESTA MÍNIMO: Recuerde, este control se trata de comunicaciones externas de la red y sus límites del sistema. Este es un tema DIT y está protegido por las soluciones criptográficas discutidos anteriormente; véase Control 3.1.3. La documentación debe reflejar el tipo y el nivel de protección de los datos transmitidos. Cualquier protecciones adicionales tales como una VPN, un circuito / circuito dedicado segura proporcionada por un transportista contratado comercialmente puede permitirse más seguridad para las transmisiones de datos de empresa.

Respuesta más completa: mejores niveles de protección podría abordarse en relación con la defensa en profundidad, que es una filosofía operacional actual apoyado por el gobierno; capas adicionales de seguridad proporcionan una defensa adicional. (Véase el diagrama de "defensa en profundidad" en el Control 3.14.2).

3.13.9 terminar conexiones de red asociadas con sesiones de comunicaciones al final de las sesiones o después de un período definido de inactividad.

RESPUESTA MÍNIMO: Este fue abordado en el control de CA específico para la completa terminación de una sesión. Sesiones de importancia sugerido serían aquellos que, como a los recursos financieros, recursos humanos, sistemas de vivienda u otro equipo clave del servidor definido CUI / CDI. Se recomienda que el procedimiento se actualiza específicamente a este control de re-uso de lenguaje proporcionado por cualquier respuesta al testigo (s) discutir la terminación de una conexión de red.

MÁS COMPLETA RESPUESTA: Auditoría de sesiones que han superado el tiempo de espera puede reforzar este control. SA y el personal de TI puede determinar a partir de los registros de auditoría que se conoció y se hizo cumplir el periodo de tiempo de espera prescrito. Proporcionar un muestreo a cualquier inspector como parte del paquete final.

3.13.10 Establecer y gestionar las claves criptográficas para la criptografía empleado en el sistema de información.

RESPUESTA MÍNIMO: Hay dos escenarios principales de probabilidad de ocurrencia:

1. El uso de programas de cifrado comerciales que reside dentro de la arquitectura de la empresa o es proporcionado por un proveedor externo "servicio gestionado" son los escenarios más probables. Las llaves serán mantenidos y protegidos por la aplicación criptográfica. La compañía está estableciendo algún tipo de solución 2FA. La clave pública estaría asegurado en otro lugar en la arquitectura, y la clave privada, la del empleado, residiría en un token como la tarjeta de CAC u otro dispositivo de llave.

2. Usando una solución 2FA con un CAC, verificación de identidad personal (PIV) de tarjetas o "token", tales como los producidos por RSA ® es probable que si el gobierno autoriza el intercambio de claves de seguridad en sus sistemas con el de la empresa. Esto requiere una autoridad de certificación (CA) por lo general fuera de la red local, ya sea administrado por el gobierno u otra entidad comercial de confianza con la capacidad de soportar "asimétrica" 2FA.

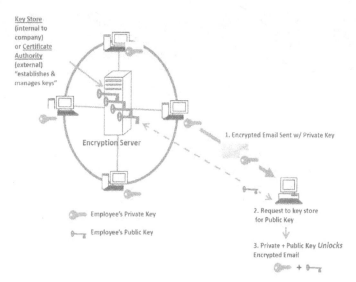

Autenticación de dos factores (2FA) - Descripción asimétrica Criptografía básico

Cualquiera que sea la solución que se utilice, asegurar la compatibilidad con los sistemas de gobierno y otras empresas como parte de sus operaciones normales. Se requiere toda la transmisión de datos CUI / CDI a cifrar.

Respuesta más completa: Cualquier mayor capacidad de asegurar y proteger el almacén de claves dentro de la empresa o por medio definido SLA con proveedores de servicios externos es importante. Asegurarse de que tienen medidas de seguridad para proteger el acceso no autorizado a su sistema, así; se pueden utilizar métodos de cifrado más fuertes, pero asegurarse de que son reconocidos por el gobierno y están Federal Information Processing Standards (FIPS 140-2) compatible. (Consulte Control 3.13.11 para identificar FIPS 140-2 soluciones).

3.13.11 Emplear la criptografía FIPS validado cuando se utiliza para proteger la confidencialidad de CUI.

MÍNIMO DE RESPUESTA / MÁS COMPLETO: La empresa tiene que confirmar que son sus aplicaciones de cifrado FIPS 140-2. Puede ser fácilmente verificada en el siguiente sitio web:

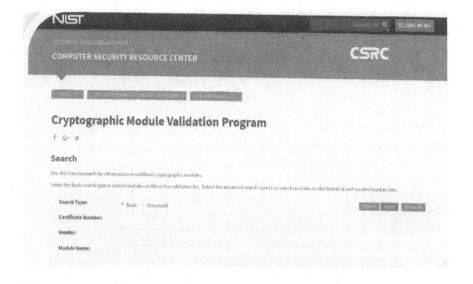

sitio oficial del NIST FIPS 140-2 para confirmar el cumplimiento criptográfica
(https://csrc.nist.gov/projects/cryptographic-module-validation-program/validated-modules/search)

3.13.12 Prohibir activación remota de los dispositivos informáticos de colaboración y proporcionar indicación de dispositivos en uso a los usuarios presentes en el dispositivo.

RESPUESTA MÍNIMA: dispositivos de computación colaborativa incluyen, por ejemplo, "pizarras en red, cámaras y micrófonos" La intención es evitar que estos dispositivos se utilizan por intrusos para llevar a cabo el reconocimiento de una red.

Esto se puede prevenir mediante cambios en la configuración del registro que sólo personal autorizado de TI con acceso privilegiado puede cambiar. Por otra parte, si estos elementos están activos, alertas audibles de iluminación o visibles, deben ser considerados para notificar TI y personal de seguridad. La política debe requerir que las personas no cambian estos ajustes para incluir a los usuarios privilegiados. Cualquier cambio sólo debe ser aprobado por excepción y requiere un usuario privilegiado que está autorizado para realizar tales cambios.

Respuesta más completa: Auditoría y soluciones SIEM se podrían configurar para asegurar que estos ajustes no están alterados. Consulte Control 3.3.2 para continuar el debate de esta área temática.

3.13.13 Control y seguimiento de la utilización de códigos móviles.

MÍNIMO / respuesta más completa: Código móvil es principalmente parte de las empresas de teléfonos con capacidad para Internet. compañía de teléfono de la empresa puede limitar los tipos y clases de aplicaciones móviles que residen en los teléfonos de los empleados. La mayoría de las aplicaciones suelen ser necesarios para cumplir con las normas de desarrollo de la industria de seguros. Lo mejor es confirmar con el portador de la compañía cómo se aseguran aplicaciones de código móvil y restringir a los empleados a un número determinado de aplicaciones móviles aprobados. Definir en los procedimientos de la empresa las aplicaciones básicas que proporciona a cada empleado, y el proceso para aplicaciones de trabajo específico que otros especialistas en la empresa requieren.

3.13.14 Control y supervisar el uso de Voz sobre Protocolo de Internet tecnologías (VoIP).

RESPUESTA MÍNIMA: La más probable VOIP lugar actual existiría es el servicio de teléfono de la compañía. Asegurar con el operador de telefonía que sus servicios de VOIP son seguros y qué nivel de seguridad se utilizan para proteger las comunicaciones corporativas. Por otra parte, identificar cualquier información del contrato que proporciona detalles acerca de la seguridad que ofrece.

Respuesta más completa: comprobar cuáles son los servicios de vigilancia y protección de la red (de malware, virus, etc.) son parte del plan de servicio actual. Si es necesario, determinar si tanto el control y seguimiento se incluyen o servicios adicionales. Si no se incluye totalmente, considere la formulación de una Poam.

3.13.15 Protect the authenticity of communications sessions.

MÍNIMO / respuesta más completa: Esta direcciones de control de protección y comunicaciones establece la confianza de que la sesión es auténtico; que garantiza la identidad de la persona y la información que se transmite. protección Autenticidad incluye, por ejemplo, la protección contra el secuestro de sesión o inserción de información falsa.

Esto se puede resolver por alguna forma, dura o blanda contador MFA / 2FA, solución. Con ello se garantizará la identidad y FIPS 140-2 cifrado para evitar la manipulación de datos. Consulte Control 3.5.2 para continuar el debate. Si bien estos no son soluciones absolutos, demuestran en gran medida más certeza de que las comunicaciones son auténticos.

3.13.16 proteger la confidencialidad de CUI en reposo.

RESPUESTA MÍNIMO: Este es un tema DAR, y como se ha expuesto anteriormente, es un requisito del gobierno. Asegúrese de que el paquete de software adecuado se procura que cumpla con las normas FIPS 140-2. (Consulte Control de 3.13.11 para información del sitio web del NIST).

Respuesta más completa: Si se usa un CSP, asegúrese de que está utilizando gobierno aceptó FIPS 140-2 normas; que hará que la autorización más simple. Y, un recordatorio, si la empresa no puede utilizar FIPS 140-2 soluciones, garantiza una efectiva Poam se desarrolla que se ocupa de por qué no puede ser implementado actualmente y cuando la empresa está preparada para implementar el control. Cuando la empresa será compatible?

Sistema y la información de integridad (SI)
Anti-virus y anti-malware

Esta familia es el control sobre el mantenimiento de la integridad de los datos dentro de los límites de seguridad del sistema de la empresa. Es principalmente defendida por medidas activas, tales como anti-virus y protección contra programas maliciosos. Este control se dirige al establecimiento de procedimientos para la aplicación efectiva de los controles de seguridad. políticas y procedimientos de seguridad cibernética pueden incluir las políticas de seguridad de la información (INFOSEC). Empresa estrategia de gestión de riesgos es un factor clave en el establecimiento de protecciones del sistema decisivos.

Requisitos de seguridad básicos:

3.14.1 identificar, informar y corregir información y sistemas de información fallas en el momento oportuno.

RESPUESTA MÍNIMO: Este control se ocupa de lo que se consideran defectos relevantes para la seguridad. Estos incluyen, por ejemplo, parches de software, revisiones, anti-virus y anti-malware firmas.

Típicamente, los sistemas operativos de red pueden comprobar con los fabricantes a través de Internet para la actualización, por ejemplo, "parches de seguridad" en tiempo casi real. Es importante permitir que los parches de los fabricantes y fuentes autorizadas se actualizarán tan pronto como sea posible. Por lo general, están diseñados para corregir los errores y de menor importancia en las principales vulnerabilidades de seguridad. Cuanto más pronto el sistema se actualiza, mejor. Garantizar un proceso, tales como cheques por el personal de TI al menos dos veces al día. Muchos sistemas automatizados permitirán "empuja" a la red. Asegurar que los procesos documentados representan para su revisión por el personal de TI a "auditoría" empuja conocidos por fuentes autorizadas.

⏰ **Eventos de seguridad importante / ataques de día cero:** Hay momentos en que el gobierno federal tenga conocimiento de los ataques de día cero. Estos son ataques donde no hay parche de seguridad actual y, a veces requiere de otras acciones por parte del gobierno apoyado a las organizaciones y las empresas; estar al tanto de estos eventos desde el Departamento de Defensa y el Departamento de Seguridad Nacional (DHS) alerta. Esto requerirá una acción casi inmediata. Por otra parte, el gobierno puede dirigir todo el mundo, incluyendo NIST 800-171 empresas autorizadas, informar de su estado al Oficial de contrato por un plazo establecido.

Respuesta más completa: Asegurarse que el personal de TI designados son conscientes y están monitoreando los sitios activos de las vulnerabilidades tanto DOD y el DHS. Un proceso activo para verificar el estado actual de las amenazas contra el gobierno es un excelente medio para establecer la debida diligencia de una empresa en esta área.

Estados Unidos Computer Emergency Readiness Team del DHS (US-CERT) tiene la información más reciente sobre las vulnerabilidades para incluir actualizaciones de día cero. También se recomienda que el personal de TI designados inscribirse en el Rich Site Summary (RSS) de datos se alimenta por la selección del símbolo a la izquierda. La dirección del sitio en general es:https://www.us-cert.gov/ncas/current-activity

3.14.2 proporcionar protección contra código malicioso en lugares apropiados dentro de los sistemas de información de la organización.

RESPUESTA MÍNIMO: Protección de la red de código malicioso es típicamente a través de ambas aplicaciones de protección anti-virus y malware activo o servicios. Asegurar si protecciones adicionales proporcionadas por el ISP comercial de las empresas están incluidos en ninguna de las entregas de artefactos.

Respuesta más completa: Cualquier protecciones adicionales podrían ser proporcionados por los servidores de seguridad "inteligentes", enrutadores y conmutadores. Ciertos dispositivos comerciales proporcionan defensas adicionales.

Los cortafuegos inteligentes.cortafuegos inteligentes incluyen capacidades de protección estándar. Además, cortafuegos específicamente, puede permitirse el lujo de listas blancas y listas negras protecciones.

- **listas blancas**sólo se puede utilizar para permitir que los usuarios externos autorizados en una lista interna de control de acceso (ACL). La ACL debe ser gestionado activamente para asegurar que las organizaciones legítimas pueden comunicarse a través del firewall las empresas. La empresa interesada externa o las organizaciones pueden seguir comunicándose con el negocio para algunos servicios, como el sitio web de la empresa y el sistema de correo electrónico que reside en lo que se denomina la zona desmilitarizada (DMZ). Listas blancas normalmente se implementa en el servidor de seguridad. Véase el diagrama de abajo.

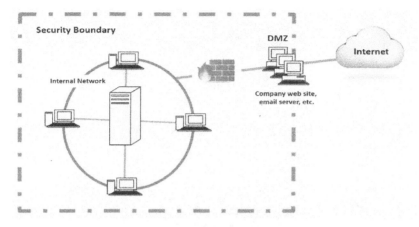

Vista de red básica de la empresa

- **listas negras** se utilizan para bloquear conocidos "los malos". Hay empresas y el gobierno que puede proporcionar listas de sitios maliciosos conocidos con base en su dirección de Internet. Las listas negras requieren una gestión continua para ser más eficaces.

Ambas soluciones no están garantizados. Mientras que ofrecen medios adicionales para frenar a los piratas informáticos e intrusos del Estado-nación, no son soluciones totales. Por lo tanto, el gobierno, y gran parte de la comunidad de la seguridad cibernética, apoya firmemente el principio de defensa en profundidad en otras soluciones tecnológicas ayudan a reforzar las protecciones a causa de defectos de programación de seguridad inadvertidamente creadas por los desarrolladores de software y el desafío constante de los piratas informáticos que explotan distintas áreas de la moderna arquitecturas de TI para llevar a cabo sus acciones nefastas.

El principio de defensa en profundidad

3.14.3 Monitor de alertas de seguridad de sistemas de información y avisos y tomar acciones apropiadas en respuesta.

RESPUESTA MÍNIMO: Este control SI puede ser mejor respondía a través de la auditoría. Esto se puede cumplir mediante el uso de aplicaciones (tales como anti-virus) o herramientas incrustados dentro de la arquitectura. Estos deben incluir capacidades de detección de intrusos, red herramientas de captura de paquetes como Wireshark ®, o registros de auditoría. Las acciones de proceso y asociados deben incluir el reconocimiento y la notificación a la alta dirección. La administración debe garantizar que los procesos desarrollados definen cuando un evento se eleva a un nivel de un incidente de declaración obligatoria para el gobierno.

Respuesta más completa: Una solución más completa, podría utilizar otros conjuntos de herramientas avanzadas basadas en la educación y la experiencia del personal de soporte de TI. Estos podrían incluir software malicioso código de protección (tal como se encuentra en las soluciones anti-malware más avanzados). Se debe incluir siempre el retorno de la inversión global para la inversión en este tipo de herramientas.

Si la empresa sólo se puede aplicar porciones menores del control y tiene la intención planificada para invertir en instrumentos mejorados en el futuro, lo mejor es desarrollar un Poam bien definida con objetivos viables para la empresa a seguir. Se demostrará que el gobierno de Estados Unidos el compromiso de mejorar la seguridad cibernética vice ignorando otros métodos técnicos para reducir el riesgo de la empresa y su CUI / CDI asociada.

Requisitos de seguridad derivados:

3.14.4 Actualizar mecanismos de protección de código malicioso cuando las nuevas versiones están disponibles.

MÍNIMO / respuesta completa: Esto por lo general se resuelve fácilmente a través de acuerdos de licencia de software en curso con los proveedores de los programas internos de código malicioso o servicios de apoyo contratados externos. Suponiendo una nueva versión está disponible durante el período activo de la licencia, las actualizaciones normalmente libre; documentar los procedimientos de la empresa para mantener no sólo las versiones actuales, sino legales de detección de código malicioso y software de prevención o servicios.

3.14.5 Realizar análisis periódicos del sistema de información y las exploraciones en tiempo real de archivos de fuentes externas como archivos se descargan, abierto o ejecutados.

RESPUESTA MÍNIMO: Muchas de las soluciones ya discutidos permitir el análisis en tiempo real de archivos y el tráfico a medida que atraviesan la red. Análisis de los archivos siempre debe llevarse a cabo de descargas externos para ambos virus y malware. Asegúrese de que las configuraciones de directiva técnicos siempre se establecen para llevar a cabo exploraciones en tiempo real de la red, los puntos finales (es decir, ordenadores de trabajo internos y utilizados por el teletrabajo empleados), y los archivos que entran en la red mediante las herramientas apropiadas para asegurar el funcionamiento y la seguridad de la red.

Respuesta más completa: lo requieren personal para comprobar periódicamente que la exploración en tiempo real no se ha cambiado por accidente oa propósito. Es importante tener en cuenta que los posibles intrusos intentarán apagar cualquier elemento de seguridad tales como exploración activa. Capacitar al personal de TI para comprobar manualmente la gestión de al menos semanalmente y alerta si los cambios son sospechosas. La identificación de la posible entrada en los datos de la empresa es una función de la SI, así como un componente importante de la familia de control de la UA.

3.14.6 supervisar el sistema de información, incluyendo el tráfico de comunicaciones entrantes y salientes, para detectar los ataques y los indicadores de posibles ataques.

RESPUESTA MÍNIMO: Como se discutió, anti-virus y el malware proporcionan un cierto nivel de comprobación del tráfico entrante y saliente. Documento ambos medios manuales y automatizados para asegurar el tráfico se controla.

Los procedimientos deben identificar a las personas que llevarán a cabo la revisión periódica, el proceso que asegura una supervisión adecuada está en el lugar para identificar violaciónes de este control, y qué tecnologías se están utilizando para proteger el tráfico entrante y saliente de los ataques. (Consulte Control 3.6.1 para el debate sobre el modelo de PPT, y su aplicación para hacer frente a los controles de seguridad).

Respuesta más completa: Esto también podría identificar ISP comercial de apoyo al negocio con conexiones "de confianza" a Internet. Consulte la proporcionada SLA y la información del contrato para la revisión del gobierno.

3.14.7 Identificar el uso no autorizado del sistema de información.

RESPUESTA MÍNIMA: Esta se cumple a través de la auditoría activa y regular de, por ejemplo registros, sistemas, aplicaciones, las detecciones de intrusión, y de cortafuegos. Es importante reconocer que puede haber limitaciones para el personal de TI para revisar adecuadamente y de manera adecuada todos los registros creados por la red informática de la empresa. Lo mejor es identificar los registros críticos a revisar periódicamente y cualquier registro secundarias como el tiempo lo permite. Evite tratar de revisar todos los registros del sistema; Hay muchos. Además, determinar el nivel de esfuerzo, tiempo de procesamiento requerido, la capacidad y la formación de TI del personal de apoyo de la compañía.

Respuesta más completa: Además de lo anterior, considere terceras empresas que pueden ofrecer un servicio de monitoreo de la red. Si bien estos pueden ser costosos, que dependerá de la empresa, su misión, y la crítica de los datos. Esta solución requerirá una bien desarrollada SLA con una supervisión adecuada para garantizar que la empresa recibe la Calidad de Servicio (QoS) que la empresa necesita.

CONCLUSIÓN
Esta es la gestión de riesgos, y no Eliminación

La premisa mayor del proceso de ciberseguridad NIST es reconocer que no se trata de la certeza absoluta de que los controles de seguridad van a parar cada tipo de ataque cibernético. Gestión de Riesgos se trata de reconocer las debilidades generales del sistema. Se trata de la dirección de la empresa, no sólo el personal de TI, ha identificado donde existen esas debilidades.

Gestión del riesgo también se trata de un sistema de Monitoreo continua definida (ConMon) y los procesos de evaluación de riesgos eficaces. Tales procesos se logre la protección necesaria para CUI / CDI sensibles de una empresa. Estos no están destinados a ser respuestas completas a un panorama de riesgos siempre cambiante. Es sólo a través de una revisión activa y continua de los controles pueden gobierno o empresas garantizar certidumbre casi total de sus redes son tan seguras como sea posible.

Un objetivo principal de este libro es proporcionar una llanura-Inglés y guía de instrucciones para el dueño del negocio no es de tecnología. El objetivo de este libro es proporcionar información que ellos y sus equipos de TI pueden pensar críticamente sobre y cómo responder mejor a estos 110 controles designados. Este libro ofrece un punto de partida para las pequeñas constructiva a través de las grandes empresas, no sólo para cumplir con los requisitos de NIST 800-171, sino para proteger verdaderamente sus computadoras, sistemas y datos de los "malos" cercanos y lejanos.

Por último, la expectativa es que mientras que el Departamento de Defensa puede haber sido la primera agencia federal con el mandato del NIST 800-171 aplicación, esperar otras agencias como el Departamento de Seguridad Nacional (DHS), el Departamento de Comercio (DOC), sede del NIST, y Departamento de Energía (DOE), para ser los próximos candidatos probables para requerir a las empresas a cumplir con el NIST 800-171. El resto de las agencias federales más probable es que siga muy de cerca. NIST 800-171 se está convirtiendo en la norma nacional de seguridad cibernética entre las operaciones del gobierno federal y su fuerza de trabajo enorme apoyo de contratistas en un futuro muy próximo.

APÉNDICE A - referencias pertinentes

Ley de Modernización de la Seguridad de la Información Federal 2014 (PL 113-283), diciembre de 2014.
http://www.gpo.gov/fdsys/pkg/PLAW-113publ283/pdf/PLAW-113publ283.pdf

Orden Ejecutiva 13556, información controlada clasificación, noviembre de 2010.
http://www.gpo.gov/fdsys/pkg/FR-2010-11-09/pdf/2010-28360.pdf

Orden Ejecutiva 13636, Mejora de la seguridad cibernética de infraestructuras críticas de febrero de 2013.
http://www.gpo.gov/fdsys/pkg/FR-2013-02-19/pdf/2013-03915.pdf

Instituto Nacional de Normas y Estándares Federales de Procesamiento de Información Tecnología Publicación 200 (modificada), requisitos mínimos de seguridad para la Información Federal
y Sistemas de Información.
http://csrc.nist.gov/publications/fips/fips200/FIPS-200-final-march.pdf

Instituto Nacional de Estándares y Tecnología Special Publication 800-53 (modificada),
Seguridad y privacidad Los controles para los sistemas y organizaciones de Información Federal.
http://dx.doi.org/10.6028/NIST.SP.800-53r4

Instituto Nacional de Estándares y Tecnología Publicación Especial 800 a 171, rev. 1,
Protección de la información Sin clasificación controlado en Sistemas de Información y organizaciones no federales. https://nvlpubs.nist.gov/nistpubs/SpecialPublications/NIST.SP.800-171r1.pdf

Instituto Nacional de Estándares y Tecnología 800-171A Publicación Especial,*La evaluación de requisitos de seguridad de la información controlada Sin clasificación*
https://csrc.nist.gov/CSRC/media/Publications/sp/800-171a/draft/sp800-171A-draft.pdf

Instituto Nacional de Estándares y Tecnología de marco para mejorar la Crítica
ciberseguridad infraestructura (Modificada).
http://www.nist.gov/cyberframework

ANEXO B - Glosario de Términos y relevantes

Registro de auditoría.   UN registro cronológico de las actividades del sistema de información, incluidos los registros de accesos al sistema y las operaciones realizadas en un período determinado.

Autenticación.   Verificación de la identidad de un usuario, proceso o dispositivo, a menudo como un requisito previo para permitir el acceso a los recursos en un sistema de información.

Disponibilidad.   Garantizar el acceso oportuno y confiable y uso de información.

Configuración de la línea de base.   Un conjunto documentado de especificaciones para un sistema de información, o de un elemento de configuración dentro de un sistema, que ha sido revisado formalmente y acordó en un punto dado en el tiempo, y que puede ser cambiado sólo a través de los procedimientos de control de cambios.

Listas negras.   El proceso utilizado para identificar: (i) los programas de software que no están autorizadas para ejecutar en un sistema de información; o (ii) prohibida sitios web.

Confidencialidad.   Preservar restricciones autorizadas al acceso de información y divulgación, que incluye medios para la protección de la intimidad personal y la información propietaria.

Gestión de la Configuración.   Una colección de actividades centró en el establecimiento y el mantenimiento de la integridad de los productos de tecnología de la información y sistemas de información, a través del control de los procesos de inicialización, el cambio, y el seguimiento de las configuraciones de los productos y sistemas en todo el ciclo de vida de desarrollo del sistema.

Sin clasificación controlado Información (CUI / CDI).

La información que la ley, regulación o política de todo el gobierno obliga a tener la salvaguardia o la difusión de los controles, excluyendo la información que se clasifica bajo la Orden Ejecutiva 13526, clasificada Nacional de Información de Seguridad de 29 de diciembre de 2009, o de cualquier orden predecesor o sucesor, o la Ley de Energía Atómica de 1954, según enmendada.

red externa.   Una red no controlada por la empresa.

FIPS-validados criptografía. Un módulo criptográfico validado por el criptográfico programa de validación de Módulo (CMVP) para satisfacer los requisitos especificados en la publicación FIPS 140-2 (modificada). Como requisito previo a la validación CMVP, se requiere que el módulo criptográfico emplear una implementación del algoritmo criptográfico que ha pasado con éxito las pruebas de validación por el programa de validación de algoritmo criptográfico (CAVP).

Hardware. Los componentes físicos de un sistema de información.

Incidente. Un hecho que pone en peligro real o potencialmente la confidencialidad, integridad o disponibilidad de un sistema de información o la información de los procesos del sistema, tiendas o transmite o que constituya una violación o inminente amenaza de violación de las políticas de seguridad, procedimientos de seguridad, o las políticas de uso aceptable .

Seguridad de información. La protección de los sistemas de información y de información del acceso no autorizado, uso, divulgación, alteración, modificación o destrucción para proporcionar confidencialidad, integridad y disponibilidad.

Sistema de informacion. Un conjunto discreto de los recursos de información organizado para la recogida, el procesamiento, mantenimiento, uso, distribución, difusión, o la disposición de la información.

Tecnología Información. Cualquier equipo o sistema interconectado o subsistema de equipo que se utiliza en la automática adquisición, almacenamiento, manipulación, administración, movimiento, control, visualización, la conmutación, el intercambio, la transmisión, o la recepción de datos o la información de la agencia ejecutiva. Incluye computadoras, equipos auxiliares, software, firmware y procedimientos similares, los servicios (incluyendo servicios de apoyo), y los recursos relacionados.

Integridad. Protección contra la modificación o destrucción de información inadecuada e incluye garantizar que la información no repudio y la autenticidad.

Red interna. Una red en la que: (i) el establecimiento, mantenimiento y aprovisionamiento de los controles de seguridad están bajo el control directo de los empleados o contratistas de organización; o (ii) encapsulación criptográfica o la tecnología de seguridad similar implementado entre los puntos finales de organización controlado, proporciona el mismo efecto (al menos con respecto a la confidencialidad y la integridad).

Código malicioso. El software diseñado para llevar a cabo un proceso no autorizada que tendrá un impacto adverso sobre la confidencialidad, integridad o disponibilidad de un sistema de información. Un virus, gusano, troyano, u otra entidad a base de código que infecta a un huésped. Software espía y algunas formas de adware son también ejemplos de código malicioso.

Medios de comunicación. dispositivos físicos o la escritura superficies incluyendo, pero no limitado a, cintas magnéticas, discos ópticos, discos magnéticos, y las impresiones (pero no incluyendo los medios de visualización) sobre el que se registra la información, almacenada, o impreso dentro de un sistema de información.

Código móvil. Los programas de software o partes de programas obtenidos de los sistemas de información a distancia, transmiten a través de una red, y se ejecutan en un sistema de información local sin necesidad de instalación explícita o ejecución por parte del receptor.

Dispositivo móvil. Un dispositivo de computación portátil que: (i) tiene un pequeño factor de forma tal que fácilmente puede ser transportado por un solo individuo; (ii) está diseñado para operar sin una conexión física (por ejemplo, de forma inalámbrica transmitir o recibir información); (iii) posee almacenamiento de datos local, no extraíble o desmontable; y (iv) incluye una fuente de energía autónomo. Los dispositivos móviles también pueden incluir capacidades de comunicación de voz, sensores de a bordo que permiten a los dispositivos de captura de información, y / o características incorporadas para la sincronización de datos locales con ubicaciones remotas. Los ejemplos incluyen los teléfonos inteligentes, tabletas y lectores electrónicos.

La autenticación de factores múltiples. Autentificación por medio de dos o más factores diferentes para lograr la autenticación. Los factores incluyen: (i) algo que sabes (por ejemplo, contraseña / PIN); (ii) algo que tienes (por ejemplo, dispositivo de identificación de cifrado, token); o (iii) algo que está (por ejemplo, biométrica).

Sistema de Información no federal. Un sistema de información que no cumple con los criterios para un sistema de información federal. organización no federal.

Red. sistema (s) de información implementada con una colección de componentes interconectados. Tales componentes pueden incluir enrutadores, concentradores, cableado, controladores de telecomunicaciones, centros de distribución de claves, y los dispositivos de control técnico.

dispositivo de almacenamiento portátil. Un componente del sistema de información que se puede insertar en y se retira de un sistema de información, y que se utiliza para datos o información (por ejemplo, datos de texto, vídeo, audio, y / o imagen) de la tienda. Tales componentes se implementan típicamente en dispositivos magnéticos, ópticos, o de estado sólido (por ejemplo, disquetes, discos de vídeo compactos / digital, flash / unidades flash, discos duros externos, y tarjetas de memoria Flash / unidades que contienen la memoria no volátil).

Cuenta privilegiada. Un sistema de información de cuenta con las autorizaciones de un usuario privilegiado.

Usuario privilegiado. Un usuario que está autorizada (y por lo tanto, de confianza) para realizar funciones relevantes para la seguridad de que los usuarios normales no están autorizados a realizar.

Acceso remoto. El acceso a un sistema de información de la organización por un usuario (o un proceso que actúa en nombre de un usuario) que se comunica a través de una red externa (por ejemplo, la Internet).

Riesgo. Una medida de la medida en que una entidad se ve amenazada por una circunstancia o evento potencial, y típicamente una función de: (i) los impactos adversos que surgirían si se produce la circunstancia o evento; y (ii) la probabilidad de ocurrencia. los riesgos de seguridad relacionados con el sistema de información son aquellos riesgos que surgen de la pérdida de confidencialidad, integridad o disponibilidad de sistemas de información o de información y reflejan los posibles efectos adversos para las operaciones de la organización (incluyendo la misión, funciones, imagen o reputación), activos de la organización, individuos, otras organizaciones, y la nación.

sanitización. Las medidas adoptadas para lograr que los datos escritos en los medios de comunicación sean irrecuperables por tanto ordinaria y, para algunas formas de desinfección, medios extraordinarios. Proceso para eliminar la información de los medios de comunicación de tal manera que la recuperación de datos no es posible. Incluye la eliminación de todos los registros de etiquetas, marcas, y actividad clasificada.

Control de seguridad. Una salvaguardia o de contramedida prescriben para un sistema de información o de una organización diseñada para proteger la confidencialidad, integridad y disponibilidad de su información y para cumplir una serie de requisitos de seguridad definidos.

Evaluación del Control de Seguridad. El ensayo y la evaluación de los controles de seguridad para determinar el grado en que se aplican correctamente los controles, operar como es debido, y producir el resultado deseado con respecto al cumplimiento de los requisitos de seguridad para un sistema de información o de la organización.

Funciones de seguridad. El hardware, software y / o firmware del sistema de información responsable de aplicar la política de seguridad del sistema y apoyar el aislamiento del código y los datos en que se basa la protección.

Amenaza. Cualquier circunstancia o evento con el potencial de afectar negativamente a las operaciones de la organización (incluyendo la misión, funciones, imagen o reputación), activos de la organización, los individuos, organizaciones, o de la Nación a través de un sistema de información a través de un acceso no autorizado, destrucción, divulgación, modificación de la información y / o denegación de servicio.

Listas blancas. El proceso utilizado para identificar: programas (i) de software que están autorizadas para ejecutar en un sistema de información.

Inteligencia enfoque de ciclo para el ciclo de vida Poam

Esta sección está diseñada para sugerir una estructura y un enfoque para cualquier desarrollo de un Poam para su compañía o agencia. En él se describe la forma de abordar el proceso de desarrollo Poam y cómo formular y realizar un seguimiento POAMs durante su ciclo de vida. Sugerimos el uso de la inteligencia del ciclo de vida de la Comunidad de Inteligencia de Estados Unidos como una guía para abordar Poam del "de la cuna a la tumba". El proceso ha sido ligeramente modificado para proporcionar una descripción más pertinente para los fines de la creación Poam, pero hemos encontrado que este modelo ser eficaz para el principiante a través de la ciberseguridad profesional o especialista que trabaja regularmente en este campo.

Esto incluye la siguiente seis etapas:

1. **IDENTIFICAR:** Los controles que el tiempo, la tecnología o los costes no se pueden cumplir para satisfacer el control sin aplicarse.

2. **INVESTIGACIÓN:**Ahora ha decidido el control no va a satisfacer sus necesidades inmediatas NIST 800-171. El hito inicial típica es llevar a cabo algún tipo de investigación o estudio de mercado de las soluciones disponibles. Esto incluirá:

    *   **La clase o tipo de solución.** Ya sea como una persona (por ejemplo, experiencia adicional), proceso (por ejemplo, lo que establece el flujo de trabajo puede proporcionar una solución repetible) o tecnología (por ejemplo, qué solución de hardware / software fija la totalidad o parte del control.

    *   **¿Cómo el gobierno federal quiere que implementa?** Por ejemplo, son fichas duros requieren o se pueden utilizar la empresa algún tipo de solución testigo lógico para abordar 2FA.

    *   **desafíos internos.** ¿Qué hacer frente a la sociedad en general con personas, procesos o perspectivas tecnológicas específicas para el control?

3. **RECOMENDAR:**En esta fase, toda la investigación y el análisis se ha completado, y presumiblemente bien documentada. Por lo general, el equipo de seguridad cibernética o equipo de TI de negocios formularán soluciones recomendadas al propietario del sistema, es decir, los decisores de negocio como el de Información, u oficial de operaciones. Las recomendaciones no sólo debe ser técnicamente factible, pero el costo y los recursos deben ser parte de cualquier recomendación.

4. **DECIDIR:** En este punto, la compañía que toman las decisiones no sólo aprueban el enfoque para corregir el déficit de seguridad, pero están de acuerdo con la dotación de recursos

requisitos para autorizar los gastos de fondos y esfuerzos.

5. **IMPLEMENTAR:**Por último, la solución se implementa, y el Poam se actualiza para el cierre. Esto se debe informar a la Oficina de contrato o de su representante en forma recurrente.

6. **MEJORA CONTINUA.** Como cualquier proceso, que debe ser revisado y actualizado periódicamente específica a las necesidades y capacidades de la empresa u organización. Esto podría incluir mejores plantillas, personal adicional, o actualizaciones más regulares a la administración para garantizar tanto un conocimiento profundo de cómo pero de apoyo ciberseguridad satisface las necesidades y misión de la empresa.

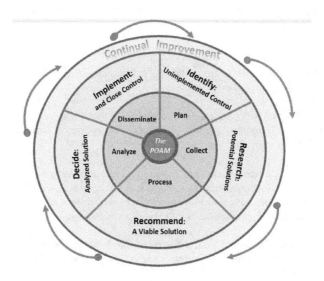

El ciclo de vida de Poam

Comenzamos en la sección "Identificar"del proceso de ciclo de vida anteriormente. En esta etapa pueden ocurrir varias cosas. Ya sea el propietario de la empresa o el personal reconoce que el control de la seguridad no es o no se puede cumplir de inmediato, o que emplean una herramienta de seguridad automatizada, como ACAS® o Nessus®, que identifica las vulnerabilidades de valores dentro del sistema de información. Esto también podría incluir hallazgos tales como la contraseña por defecto, como "contraseña", no ha sido cambiado en un interruptor interno o router. También podría incluir actualizado no se ha producido parches de seguridad; algunas herramientas automatizadas de escaneo aplicación no sólo identificarán pero recomendar cursos de acción para mitigar o solucionar un hallazgo seguridad. Siempre trata de aprovechar los tan pronto como sea posible para asegurar el entorno de TI.

Además, se supone en esta etapa es el acto de documentar los hallazgos. El hallazgo se debe colocar en una plantilla Poam como el negocio se mueve a través del ciclo de vida. Esto podría hacerse utilizando los documentos creados en Word ®, por ejemplo, perose recomienda utilizar un programa de hoja de cálculo que permite el filtrado más fácil y la gestión de la Poam. Las hojas de cálculo ofrecen una mayor flexibilidad durante la fase de "carga pesada" de la formulación de toda Poam no es destinado a ser fijado de inmediato debido a las deficiencias técnicas. Esto puede incluir no tener la experiencia interna técnica, por ejemplo, a la configuración de autenticación de dos factores (2FA) o debido a limitaciones financieras actuales de la Compañía; esto sería más probable es que sea razonable cuando los costos son prohibitivos actualmente para implementar un control específico.

En la fase de "investigación" esto incluye el análisis técnico, las búsquedas en Internet, estudios de mercado, etc., en relación con las soluciones viables para abordar el control de la seguridad de no ser "compatible". Esta actividad es típicamente parte de hito inicial establecido en el Poam. Se puede añadir en el Poam, y podría ser, por ejemplo: "Llevar a cabo una investigación de mercado inicial de sistemas candidatos que puede proporcionar una solución asequible autenticación de dos factores (2FA) para satisfacer 3.XX control de seguridad" Otro ejemplo podría ser: " la sección de seguridad cibernética identificar al menos dos datos de candidatos a soluciones de descanso (DAR) para proteger los datos corporativos y CUI de la compañía."Estos hitos iniciales son una parte normal de las etapas iniciales que describe claramente las medidas razonables para hacer frente a los controles sin quejas.

Otra parte de cualquier acción establecimiento hito es identificar cuando se espera un hito de ser completa. Por lo general, los hitos se llevan a cabo durante un período de 30 días, pero si la complejidad de tal actividad requiere tiempo adicional, garantizan la empresa como períodos razonables identificados de veces con fechas reales de*esperado*terminación. Nunca use los hitos definidos como "versión próxima actualización" o "año calendario 2020 en el barrio 4." fechas reales son obligatorios para gestionar verdaderamente constataciones apoyadas en, por ejemplo, el flujo de trabajo automatizado o aplicaciones de seguimiento de la empresa puedan adquirir en el futuro para mejorar su programa de gestión de riesgos de seguridad cibernética.

En la fase de "recomendación", este es el momento en que la investigación anterior ha resultado en al menos una solución, ya sea personal calificado adicionales (personas), políticas mejoradas empresa que gestionan el control de seguridad mejor (proceso), o un dispositivo que resuelve el control en parte o total (tecnología). Esto debería ser parte de esta fase y formar parte de la plantilla Poam como un hito con la fecha de finalización prevista.

En la fase de "decidir", compañía o agencia que toman las decisiones deben aprobar una solución recomendada y que la decisión debe ser documentado en un documento de seguimiento de cambios de configuración, gestión de la configuración decisión memorando o en el propio Poam. Esto debe incluir los recursos aprobados, pero lo más importante, cualquier decisión de financiación se debe cumplir lo más rápidamente posible. Si bien muchas de estas sugerencias pueden parecer básico, a menudo se pasa por alto para documentar la decisión para el futuro personal y gestión pueden entender cómo se determinó la solución.

La fase de "aplicación" puede llegar a ser el más difícil. Es donde un líder debe ser designado para coordinar la actividad específica para cumplir con el control- no necesariamente puede ser una solución técnica, pero también puede incluir, por ejemplo, una actividad de desarrollo de documentación que crea un proceso para gestionar el Poam.

La implementación también debe incluir consideraciones programáticas básicas. Esto debe incluir el rendimiento, horario, costo y riesgo:

- Actuación: Considere lo que el éxito de la solución está tratando de abordar. ¿Se puede enviar alertas de correo electrónico a los usuarios? ¿El sistema se apague automáticamente una vez que una intrusión se confirma en la red corporativa? ¿El plan de respuesta a incidentes incluyen notificaciones a la policía? El rendimiento es siempre un medio significativo y medible para asegurar que la solución frente al déficit de control Poam / seguridad. Siempre trata de medir el rendimiento específico para el control real que se reunió.

- Programar: Idear un plan basado en los hitos desarrollados que sean razonables y no realista. Tan pronto como una desviación se hace evidente, asegúrese de que la plantilla Poam está actualizada y aprobada por la dirección. Esto debe ser un representante de la alta dirección con la autoridad para ofrecer extensiones al plan actual. Esto podría incluir, por ejemplo, un director de TI Senior, Jefe de Información Oficial de Seguridad, o director de operaciones.

- Costo: Si bien se asume toda la financiación se ha proporcionado al inicio del proceso, siempre garantizar contingencias están en su lugar para solicitar fondos adicionales. Es común en la mayoría de los programas informáticos para mantener una reserva de financiación 15-20% para las emergencias. De lo contrario, el Administrador o el plomo Proyecto tendrán que volver a justificar a la gestión de fondos adicionales al final de la parte de la implementación del ciclo.

- Riesgo: Este no es el riesgo identificado, por ejemplo, mediante la revisión de los controles o exploraciones de seguridad automatizado del sistema. Este riesgo es específico para el éxito del programa para lograr su objetivo de cerrar el hallazgo de seguridad. Riesgo siempre deberían centrarse en particular en el rendimiento, el costo y los riesgos de horario como principales preocupaciones. Considerar la creación de una matriz de riesgo o registro de riesgos para ayudar durante la fase de implementación.

Por último, asegúrese de que tan pronto como la empresa puede poner en práctica de manera satisfactoria su solución cerrar el control y notificar a la Oficina del contrato de la finalización. Por lo general, las actualizaciones y notificaciones deben ocurrir al menos una vez al trimestre, pero más a menudo es apropiado para un control más altamente impactantes. autenticación de dos factores y la auditoría automatizada, por ejemplo, son los más actualizados tan pronto como sea posible. Esto no sólo asegura la red de la empresa y el entorno de TI, pero aumenta la confianza con el gobierno que se están cumpliendo los requisitos de seguridad.

Un último aspecto a considerar en términos de mejores prácticas dentro de la seguridad cibernética, y más específicamente en el desarrollo de POAMs completas, es el área de **mejora**

continua. Aprovechando el proceso del ciclo de vida de Inteligencia legado debe ser un modelo en curso para TI y especialistas en seguridad cibernética para emular. Los que apoyan este proceso siempre debe estar preparado para hacer cambios o modificaciones que mejor representan el estado y la disposición del sistema con su lista de POAMs. La inteligencia del ciclo de vida proporciona el modelo ideal para que una empresa de seguir e implementar para cumplir con sus responsabilidades dentro de Poam NIST 800-171.

Para la empresa técnicamente capaces: Considerar la importación de hojas de cálculo Poam en un programa de base de datos y el uso de sus capacidades de creación de informes y de informes internos. Se puede utilizar para mejorar los informes de estado Poam y seguimiento para la Alta Dirección.

APÉNDICE D - Monitoreo Continuo

Supervisión continua (ConMon): una discusión más detallada

Ciberseguridad no se trata de accesos directos. No hay soluciones fáciles a los líderes años de reparo de su responsabilidad para hacer frente a las crecientes amenazas en el ciberespacio. Esperamos que la Oficina de Administración de Personal (OPM) incumple hace varios años anunciaría el enfoque necesario, la energía y la financiación para anular los chicos malos. Que ha demostrado ser una esperanza vacía donde los líderes han abrogado su responsabilidad de dar lugar en el ciberespacio. La solución "santo grial" de la supervisión continua (ConMon) ha sido la solución más incomprendida, donde demasiados atajos son perpetrados por numerosas agencias federales y el sector privado para crear una ilusión de éxito. Este documento está dirigido específicamente para ayudar a los líderes a entender mejor lo que constituye una verdadera declaración de: "tenemos el control continuo" No se trata de accesos directos. Esto se trata de la educación, la formación,

El Comité de Sistemas de Seguridad Nacional define ConMon como: "[l] a procesos implementados para mantener el estado de seguridad actual para uno o más sistemas de información en el que la misión operativa de la empresa depende," (CNSS, 2010). ConMon ha sido descrita como la solución integral de la cobertura de la seguridad cibernética de extremo a extremo y la respuesta a proporcionar una solución eficaz global de Gestión de Riesgos (RM). Promete la eliminación del ciclo de recertificación 3 años que ha sido la pesadilla de los profesionales de la seguridad cibernética.

Para ConMon se convierta en una realidad para cualquier agencia, debe cumplir con las medidas y expectativas como se define en el Instituto Nacional de Estándares y Tecnología (NIST) Publicación Especial (SP) 800-137, seguridad de la información de monitorización continua de los Sistemas de Información Federal y organizaciones. "El monitoreo continuo ha evolucionado como una buena práctica para la gestión de riesgos de manera continua," (SANS Institute, 2016); es un instrumento que apoya garantías efectivas, continuas y recurrentes RM. Para cualquier agencia a abrazar verdaderamente se ha alcanzado el pleno cumplimiento ConMon, debe ser capaz de coordinar todos los elementos principales que se describen como se encuentran en el NIST SP 800-137.

ConMon no es sólo las piezas de visibilidad pasivas, sino que también incluye los esfuerzos activos de escaneo de vulnerabilidades, alerta de amenaza, reducción, mitigación o eliminación de un entorno dinámico Tecnología de la Información (IT). El Departamento de Seguridad Nacional (DHS) ha redactado su enfoque de ConMon más integral. Su programa para proteger las redes del gobierno es más conveniente se llama: "Diagnóstico y seguimiento permanente" o MDL e incluye una necesidad de reaccionar a un atacante de red activa. "La capacidad de hacerlo redes, puntos finales y aplicaciones visibles; para identificar la actividad maliciosa; y, para responder [énfasis añadido] inmediatamente es crítico para la defensa de sistemas de información y redes,"(Sann, 2016).

Otra descripción de ConMon se puede encontrar en CAESARS extensión marco del NIST: Una monitorización continua de la empresa Técnica Modelo de Referencia (segundo proyecto). Se define sus características esenciales dentro del concepto de "Control de la seguridad continua." Se describe como "... el enfoque de gestión de riesgos a la seguridad cibernética que mantiene una imagen de seguridad de una organización, proporciona visibilidad de los activos, aprovecha uso de datos automatizada alimenta, monitores efectividad de los controles de seguridad, y permite la priorización de los recursos,"(NIST, 2012); debe demostrar la visibilidad, se alimenta de datos, medidas de eficacia y permitir soluciones. Proporciona otra descripción de lo que debe ser demostrada para asegurar designación ConMon completo bajo el estándar NIST.

Programa de Gestión de Autorizaciones (Fed-RAMP) Riesgo federal y del gobierno ha definido objetivos ConMon similares. Estos objetivos son los principales resultados de una implementación exitosa ConMon. Su "objetivo ... [s] ... [son] para proporcionar: (i) la visibilidad operativa; (Ii) auto-certificaciones anuales sobre las implementaciones de control de seguridad; (Iii) gestionado de control de cambios; (Iv) y la asistencia a funciones de respuesta a incidentes,"(GSA, 2012). Estos objetivos, aunque no explícita a NIST SP 800-37, están bien alineados con los deseos de una solución eficaz y completa.

RMF crea las necesidades de estructura y documentación de ConMon; que representa la aplicación específica y la supervisión de la seguridad de la información (IS) dentro de un entorno de TI. Es compatible con la actividad general de RM dentro de una agencia. (Véase la Figura 1 a continuación). La RMF "... describe un proceso disciplinado y estructurado que integra las actividades de seguridad de la información y la gestión del riesgo en el ciclo de vida de desarrollo del sistema" (NIST-B, 2011). RMF es la estructura que describe tanto y depende de ConMon como su mecanismo de supervisión del riesgo y la efectividad entre IS y RM.

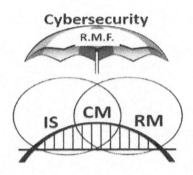

Figura 1. CM "puentes" Gestión de riesgos de seguridad y la Información

Este artículo proporciona un marco conceptual para abordar la forma de una agencia se acercaría a la identificación de una solución verdadera a través ConMon NIST SP 800-137. Se discute la necesidad adicional de alinear los requisitos de los componentes con los "11 Dominios de automatización de seguridad" que son necesarios para poner en práctica la verdadera ConMon. (Véase la Figura 2 a continuación). Es a través de la implementación completa y

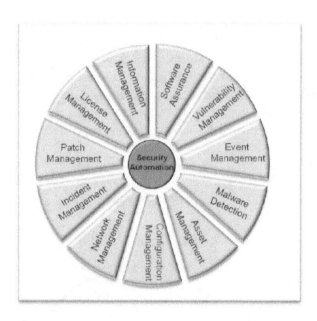

Figura 2. El 11 de Seguridad Automation Dominios (NIST, 2011)

integración con los otros descritos componentes Véase la Figura 3 por debajo de - que una organización puede indicar correctamente que ha logrado ConMon.

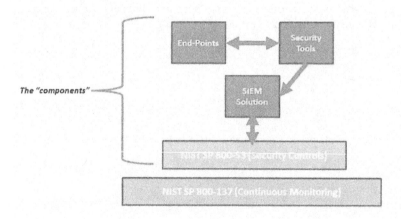

Figura 3. Los "componentes" de una vigilancia eficaz y continua

Monitorización continua - Primera Generación

Para ConMon sea real y efectiva, debe alinear la visibilidad de punto final con herramientas de monitoreo de seguridad. Esto incluye herramientas de supervisión de la seguridad con conectividad a los "puntos finales", tales como ordenadores portátiles, ordenadores de sobremesa, servidores, routers, cortafuegos, etc. Además, éstos deben trabajar con un dispositivo altamente integrado de Seguridad de la Información y Gestión de Eventos (SIEM). El otro "componente" es un vínculo claro entre los puntos extremos, herramientas de monitorización de seguridad, y el aparato SIEM, trabajando con los dominios de automatización de seguridad (ver Figura 2). Estos incluyen, por ejemplo, las áreas de detección de malware, de activos y gestión de eventos. ConMon primero debe abordar estos componentes colectivos para crear una instanciación de "primera generación".

Más específicamente, un aparato SIEM proporciona las capacidades centrales de procesamiento de datos central para coordinar eficazmente todas las entradas y salidas de toda la empresa de TI. Gestiona la integración de datos e interpretación de todaConMon componentes. Y, proporciona la visibilidad y la inteligencia necesaria para una capacidad de respuesta a incidentes activo.

En la descripción de un IMPLEMENTACIÓN primera generación, la siguiente expresión aritmética se ofrece:

> **Puntos finales Visibilidad + herramientas de seguridad SEGUIMIENTO + CONTROLES DE SEGURIDAD DE ALINEACIÓN → (INPUT) SOLUCIÓN SIEM →**
> **COMPARACIÓN DE SEGURIDAD 11 AUTOMATIZACIÓN DE DOMINIOS → (OUTPUT)**
> **[VISIBILIDAD + ANÁLISIS + ALERTAS] = ConMon primera generación**

Una expresión aritmética para la primera generación de monitorización continua de

dispositivos de punto final deben ser persistentemente visible para los dispositivos de seguridad aplicables. En conjunto, estas partes deben alinearse con los respectivos controles de seguridad como se describe en NIST SP 800-53. La herramienta SIEM seleccionado debe ser capaz de aceptar estas entradas y analizarlas en contra de la configuración política de seguridad definida, recurrente escaneos de vulnerabilidades, amenazas basadas en firmas y heurística / basados en la actividad de análisis para asegurar la postura de seguridad del medio ambiente. Las salidas del SIEM deben apoyar el aún más la visibilidad del entorno de TI, realizar y difundir información vital, y el liderazgo de alerta a cualquier peligro inminente o en curso. La expresión anterior está diseñado para proporcionar una representación conceptual del profesional de la seguridad cibernética tratar de determinar la aplicación efectiva ConMon o para desarrollar una respuesta completa ConMon para una agencia o corporación.

Además, el SIEM debe distribuir datos se alimenta casi en tiempo real a los analistas y líderes clave. Se prevé multi-nivel "tablero" flujos de datos y cuestiones de alerta basados en la configuración de la directiva prescritos. Una vez que éstos base, funcionalidades de primera generación están alineando constantemente con la automatización dominios de seguridad, a continuación, una organización o corporación definitivamente pueden expresar que cumple con los requisitos de ConMon.

Puntos finales

Es necesario identificar los elementos de hardware y software de configuración que deben ser conocidos y constantemente trazables antes de implementar ConMon dentro de un entorno de TI de la empresa. la visibilidad de punto final no son los dispositivos de hardware, pero el software de base de cada dispositivo de hardware en la red.

Gestión de la Configuración es también un requisito fundamental para la política de seguridad de cualquier organización. Gestión de la Configuración profundamente implantado debe ser la base de cualquier aplicación completa CM. Al comienzo de cualquier ES esfuerzo, ciber-profesionales deben conocer el "tal cual" estado componente de corriente hardware y software dentro de la empresa. Puntos finales deben ser protegidos y controlados, ya que son el blanco más valiosa para los posibles piratas informáticos y ladrones cibernéticos.

Gestión de la Configuración proporciona la base que establecen un medio para identificar el potencial de compromiso entre los puntos finales de la empresa y las herramientas de seguridad necesarias. "Las organizaciones con un proceso robusto y eficaz [Gestión de la Configuración] deben tener en cuenta las implicaciones de seguridad de información sobre el desarrollo y funcionamiento de los sistemas de información incluyendo hardware, software, aplicaciones, y documentación" (NIST-A, 2011).

La RMF requiere la categorización de los sistemas y datos tan alta, moderada o baja con respecto al riesgo. Las Federal Information Processing Standards metodología (FIPS) Publicación 199 se utiliza normalmente para establecer los niveles de sensibilidad de datos en el gobierno federal. FIPS 199 ayuda al profesional en la determinación de normas de protección de datos de los dos puntos finales y los datos almacenados en estas partes respectivas ciberseguridad. Por ejemplo, un sistema que recoge y retiene los datos sensibles, como información financiera, requiere un mayor nivel de seguridad. Es importante que los puntos finales se reconocen como repositorios de datos de gran valor a las amenazas informáticas.

Además, los profesionales de la seguridad cibernética deben estar constantemente al tanto de los "... los costos administrativos y tecnológicos de que ofrece un alto grado de protección para todos los sistemas federales ..." (Ross, Katzke, y Toth, 2005). Esto no es una cuestión de reconocer el punto final físico por sí solo pero el valor y los costos asociados de los datos virtuales almacenados, monitorizados, y protegido en una base continua. FIPS 199 propietarios de sistemas ayuda a determinar si un mayor nivel de protección se justifica, con mayores costos asociados, en base a una evaluación global FIPS 199.

Herramientas de seguridad

herramientas de supervisión de la seguridad deben identificar en tiempo casi real de una amenaza activa. Los ejemplos incluyen anti-virus o aplicaciones anti-malware utilizados para controlar las actividades de red y de punto final. Productos como McAfee y Symantec ofrecen capacidades empresariales que ayudan a identificar y reducir las amenazas.

Otras herramientas de seguridad abordarían en su totalidad o parte del resto de automatización Dominios de Seguridad NIST. Estos incluyen, por ejemplo, herramientas para proporcionar visibilidad de los activos, detección de vulnerabilidades, actualizaciones de gestión de parches, etc, pero también es importante reconocer que incluso las mejores herramientas de seguridad actuales no son necesariamente capaces de defenderse contra todos los ataques. Los nuevos ataques de malware o de día cero plantean retos continuos a la fuerza de trabajo de seguridad cibernética.

Por ejemplo, el sistema de EINSTEIN del DHS no se habría detenido el incumplimiento 2015 Oficina de Administración de Personal. Incluso última iteración del DHS de Einstein, Einstein 3, un sistema de monitoreo y respuesta de la red avanzada, diseñada para proteger las redes de los gobiernos federales, no habría dejado de ese ataque. "... EINSTEIN 3 no habría sido capaz de atrapar una amenaza que [había] huellas no se conocen, según varios expertos de la industria," (Sternstein, 2015).

No es hasta que haya una mayor integración y disponibilidad de la inteligencia transversal y herramientas de seguridad más capaces, puede cualquier herramienta de seguridad única vez sea plenamente eficaz. La necesidad de múltiples herramientas de supervisión de la seguridad que proporcionan "defensa en profundidad" puede ser una mejor estrategia de protección. Sin embargo, con múltiples herramientas de seguimiento de la misma Automatización dominios de seguridad, este enfoque sin duda aumentará los costos de mantenimiento de una agencia de seguros o entorno de TI corporativa. La determinación de la rentabilidad de la inversión (ROI) equilibrarse con un enfoque de puntuación de riesgo amenaza bien definida, se necesita más en todos los niveles del espacio de trabajo de TI federal y corporativa.

Controles de seguridad

"Las organizaciones deben mitigar adecuadamente el riesgo derivado de la utilización de sistemas de información y de información en la ejecución de las misiones y funciones de negocios," (NIST, 2013). Esto se logra mediante la selección y ejecución de NIST SP 800-53, Revisión 4, se describe controles de seguridad. (Véase la Figura 4 a continuación). Están organizados en dieciocho familias para hacer frente a las zonas de seguridad sub-set como el control de acceso, seguridad física, la respuesta a incidentes, etc. El uso de estos controles es típicamente adaptada a la categorización de seguridad por el propietario respectivo sistema confiando en FIPS 199 normas de categorización. Un mayor categorización de seguridad requiere una mayor implementación de estos controles.

ID	FAMILY	ID	FAMILY
AC	Access Control	MP	Media Protection
AT	Awareness and Training	PE	Physical and Environmental Protection
AU	Audit and Accountability	PL	Planning
CA	Security Assessment and Authorization	PS	Personnel Security
CM	Configuration Management	RA	Risk Assessment
CP	Contingency Planning	SA	System and Services Acquisition
IA	Identification and Authentication	SC	System and Communications Protection
IR	Incident Response	SI	System and Information Integrity
MA	Maintenance	PM	Program Management

**Note that these are all the control families required within DOD. Under the NIST 800-171 effort, not all control families are used or required.

Figura 4. Control de identificadores de seguridad y apellidos, (NIST, 2013)

Información de Seguridad y Gestión de Eventos (SIEM) Soluciones

La herramienta SIEM juega un papel fundamental en cualquier implementación viable "primera generación". Basado en NIST y orientación DHS, un aparato eficaz SIEM debe proporcionar las siguientes funcionalidades:

- "Los datos agregados de'a través de un conjunto diverso'de las fuentes de herramientas de seguridad;
- Analizar los datos de múltiples fuentes;
- Participar en las exploraciones de datos en función de las necesidades cambiantes
- Hacer uso cuantitativo de los datos de seguridad (no sólo de informes) propósitos, incluyendo el desarrollo y uso de las puntuaciones de riesgo; y
- Mantener el conocimiento procesable de la situación cambiante de la seguridad en una base de tiempo real"(Levinson, 2011).

"La eficacia es aún mayor cuando la salida es el formato para proporcionar información que sea específica, medible y aplicable, relevante y oportuna" (NIST, 2011). El dispositivo SIEM es el núcleo vital de una solución completa que recopila, analiza y alerta al ciber-profesional de los peligros potenciales y reales de su entorno.

Hay varias de las principales soluciones SIEM que pueda cumplir de manera efectiva con los requisitos de NIST SP 800-137. Incluyen productos, por ejemplo, IBM® seguridad, Splunk®, y productos de Hewlett Packard's® ArcSight®.

Por ejemplo, LogRhythm ® era altamente clasificado en la evaluación 2014 SIEM. Logrhythm® proporciona la supervisión de eventos de red y alertas de posibles riesgos de seguridad. La implementación de una solución SIEM de nivel empresarial es necesaria para satisfacer las necesidades crecientes de seguridad cibernética para la auditoría de los registros de seguridad y capacidades para responder a incidentes cibernéticos. productos SIEM seguirán desempeñando un papel crítico y evolucionando en las demandas de "... una mayor seguridad y una respuesta rápida a eventos en toda la red" (McAfee Foundstone Profesional Services®, 2013). Mejoras y actualizaciones de herramientas SIEM son fundamentales para proporcionar una capacidad más alta capacidad de respuesta para las futuras generaciones de estos aparatos en el mercado.

próximas generaciones

Las futuras generaciones de ConMon incluirían mayores capacidades y funcionalidades específicas del dispositivo SIEM. Estos segunda generación y más allá evoluciones serían soluciones más eficaces en futuros entornos de red dinámicas y hostiles. Tales avances también podrían incluir un mayor acceso a un grupo mayor de los repositorios de base de datos de firmas amenaza o heurísticas más expansivas que podrían identificar anomalías activos dentro de una red de destino.

Otra capacidad futurista podría incluir el uso de la inteligencia artificial (AI). capacidades mejoradas de un aparato de SIEM con el aumento AI serían mejorar aún más el análisis de amenaza humana y proporcionar para la capacidad de respuesta más automatizado. "El concepto de análisis predictivo implica el uso de métodos estadísticos y herramientas de decisión que analizan los datos actuales e históricos para hacer predicciones sobre eventos futuros ..." (SANS Institute). La próxima generación impulsaría los tiempos de respuesta y las fuerzas humanas para defenderse de los ataques en cuestión de milisegundos vice horas.

Por último, en la descripción de las próximas generaciones de ConMon, es imprescindible no sólo para expandir los datos, entradas de información y de inteligencia para nuevos y más capaces productos SIEM, pero que de entrada y conjuntos de datos correspondientes también debe ser revisado totalmente completa y exacta. Aumento del acceso a bases de datos de firma y de análisis basados en la actividad heurísticos proporcionaría una mayor reducción del riesgo. Un mayor apoyo de la empresa privada y la comunidad de inteligencia también sería mejoras importantes para las agencias que están luchando constantemente contra una amenaza más capaz y mejor dotado de recursos.

ConMon no será una realidad hasta que los vendedores y agencias pueden integrar los derecho de las personas, procesos y tecnologías. "La seguridad debe ser colocado como un facilitador de la organización debe tomar su lugar junto a los recursos humanos, recursos financieros, los procesos de negocio de sonido y estrategias, tecnología de la información, y el capital intelectual como los elementos de éxito para el cumplimiento de la misión" (Caralli, 2004). ConMon no es sólo una solución técnica. Se requiere que las organizaciones capaces, con personal capacitado, la creación de políticas y procedimientos eficaces con las tecnologías necesarias para mantenerse por delante de las crecientes amenazas en el ciberespacio.

La Figura 6 a continuación proporciona una representación gráfica de lo que se necesitan componentes ConMon para crear una solución 800-137 compatible holístico NIST SP; esto demuestra la representación de primera generación. Hay numerosos vendedores que describen que tienen la solución "Santo Grial", pero hasta que puedan demostrar que cumplen con esta descripción en total, es poco probable que tengan una implementación completa de una solución ConMon a fondo todavía.

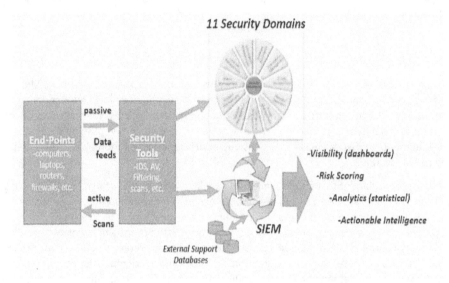

Figura 6. Primera Generación de supervisión continua

Notas de la "Vigilancia continua: un análisis más detallado"

Balakrishnan, B. (2015, 6 de octubre). Mitigación de amenazas privilegiada orientación. Obtenido de SANS Institute habitación Infosec lectura: https://www.sans.org/reading-room/whitepapers/monitoring/insider-threat-mitigation-guidance-36307

Caralli, RA (2004, diciembre). La gestión de seguridad empresarial (CMU / SEI-2004-TN-046). Obtenido de Software Engineering Institute: http://www.sei.cmu.edu/reports/04tn046.pdf

Comité de Sistemas de Seguridad Nacional. (2010, 26 de abril). Aseguramiento de Información Nacional (IA) Glosario. Obtenido de Centro Nacional de Seguridad y Contrainteligencia: http://www.ncsc.gov/nittf/docs/CNSSI-4009_National_Information_Assurance.pdf

Departamento de Defensa. (2014, 12 de marzo). Las instrucciones DOD 8510.01: Marco de Gestión de Riesgos (RMF) para el Departamento de Defensa de Tecnología de la Información (IT). Obtenido de Defensa Centro de Información Técnica (DTIC): http://www.dtic.mil/whs/directives/corres/pdf/851001_2014.pdf

GSA. (2012, 27 de enero). Estrategia de Monitoreo Continuo y guía, v1.1. Obtenido de Administración de Servicios Generales: http://www.gsa.gov/graphics/staffoffices/Continuous_Monitoring_Strategy_Guide_072712.pdf

Centro de Desarrollo de Medicina Funcional Conjunto de Logística. (2015). JMLFDC de monitorización continua de Estrategia y Plan de Procedimiento. Fort Detrick, Maryland.

Kavanagh, KM, Nicolett, M., y Rochford, O. (2014, 25 de junio). Cuadrante Mágico de Seguridad de la Información y Gestión de Eventos. Obtenido de Gartner: http://www.gartner.com/technology/reprints.do?id=1-1W8AO4W&ct=140627&st=sb&mkt_tok=3RkMMJWWfF9wsRolsqrJcO%2FhmjTEU5z17u8lWa%2B0gYkz2EFye%2BLIHETpodcMTcVkNb%2FYDBceEJhqyQJxPr3FKdANz8JpRhnqAA%3D%3D

Kolenko, MM (2016, 18 de febrero). -La ESPECIAL factor humano de seguridad cibernética. Obtenido de Seguridad Nacional Today.US: http://www.hstoday.us/briefings/industry-news/single-article/special-the-human-element-of-cybersecurity/54008efd46e93863f54db0f7352dde2c.html

Levinson, B. (2011, octubre). Federal de Seguridad Cibernética mejores prácticas de estudio: Seguridad de la información de monitorización continua. Obtenido de Centro para la eficacia de la reglamentación: http://www.thecre.com/fisma/wp-content/uploads/2011/10/Federal-Cybersecurity-Best-Practice.ISCM_2.pdf

McAfee® Foundstone® Servicios Profesionales. (2013). McAfee. Obtenido de Libro Blanco: La creación y mantenimiento de un SOC: http://www.mcafee.com/us/resources/white-papers/foundstone/wp-creating-maintaining-soc.pdf

NIST. (2011-A, agosto). NIST SP 800 a 128: Guía para la Gestión de la Configuración Centrado-Seguridad de los Sistemas de Información. Obtenido de Centro de Recursos de Seguridad NIST ordenador: http://csrc.nist.gov/publications/nistpubs/800-128/sp800-128.pdf

NIST. (2011-B, septiembre). Publicación Especial 800 a 137: Seguridad de la Información supervisión continua (ISCM) para sistemas de información y organizaciones federales. Obtenido de Centro de Recursos de Seguridad NIST ordenador: http://csrc.nist.gov/publications/nistpubs/800-137/SP800-137-Final.pdf

NIST. (2012, enero). NIST Informe Interagencial 7756: Extensión CAESARS Marco: Una monitorización continua de la empresa Técnica Modelo de Referencia (segundo proyecto),. Obtenido de NIST Centro de Recursos de seguridad informática: http://csrc.nist.gov/publications/drafts/nistir-7756/Draft-NISTIR-7756_second-public-draft.pdf

NIST. (2013, abril). NIST SP 800-53, Rev 4: Controles de seguridad y privacidad para Sistemas de Información Federal. Obtenido de NIST: http://nvlpubs.nist.gov/nistpubs/SpecialPublications/NIST.SP.800-53r4.pdf

Ross, R., Katzke, S., y Toth, P. (2005, 17 de octubre). Las normas y directrices FISMA Nuevos Cambio de la dinámica de Seguridad de la Información para el Gobierno Federal. Obtenido de Información de la Agencia de Promoción de Tecnología de Japón: https://www.ipa.go.jp/files/000015362.pdf

Sann, W. (2016, 8 de enero). La pieza que falta clave de su estrategia cibernética? Visibilidad. Obtenido de Nextgov: http://www.nextgov.com/technology-news/tech-insider/2016/01/key-missing-element-your-cyber-strategy-visibility/124974/

SANS Institute. (2016, 6 de marzo). Más allá de monitorización continua: el modelado de amenazas para la respuesta en tiempo real. Obtenido de SANS Institute: http://www.sans.org/reading-room/whitepapers/analyst/continuous-monitoring-threat-modeling-real-time-response-35185

Sternstein, A. (2015, 6 de enero). Sistema de detección de intrusiones de hackers OPM con falda de vanguardia, dice funcionario. Obtenido de Nextgov: http://www.nextgov.com/cybersecurity/2015/06/opm-hackers-skirted-cutting-edge-interior-intrusion-detection-official-says/114649/

Apéndice E - NIST 800-171 Lista de verificación de cumplimiento

La siguiente lista de verificación de cumplimiento tiene por objeto proporcionar una guía para llevar a cabo una "autoevaluación" de la postura global de seguridad cibernética de la compañía según se requiera por el NIST 800-171.

* Método de Evaluación: Consulte NIST 800-171A, evaluar las necesidades de seguridad de la información Sin clasificación controlado, que describe los tipos y formas de auto-validar el control. Los tres métodos de evaluación son: examinar, entrevista y prueba.

control #	Descripción	Método de evaluación *	Documento (Por ejemplo, SSP o la Guía Co Procedimiento)	Página #	Revisado por	Validado por
Control de Acceso (AC)						
3.1.1	*Limitar el acceso al sistema de información a los usuarios autorizados, procesos que actúan en nombre de los usuarios autorizados, o dispositivos (incluyendo otros sistemas de información).*					
3.1.2	*Limitar el acceso al sistema de información de los tipos de transacciones y funciones que los usuarios autorizados se les permite ejecutar.*					
3.1.3	*Controlar el flujo de CUI de acuerdo con autorizaciones aprobados.*					
3.1.4	*Separar los deberes de las personas para reducir el riesgo de la actividad malévola y sin colusión.*					
3.1.5	*Emplear el principio de privilegio mínimo, incluso para las funciones de seguridad específicas y las cuentas con privilegios.*					
3.1.6	*Utilice cuentas o papeles no privilegiados al acceder a funciones no de seguridad.*					
3.1.7	*Evitar que los usuarios no privilegiados de la ejecución de funciones privilegiadas y auditar la ejecución de tales funciones.*					

3.1.8	Limitar los intentos fallidos de inicio de sesión						
3.1.9	Proporcionar privacidad y seguridad de las comunicaciones compatibles con las normas aplicables CUI.						
3.1.10	Utilizar el bloqueo de sesión con pantallas de patrones de ocultación para impedir el acceso / visualización de los datos después de un período de inactividad.						
3.1.11	Terminar (automáticamente) una sesión de usuario después de una condición definida.						
control #	Descripción	Método de evaluación*	Document O(Por ejemplo, SSP o la Guía Co. Procedimiento)	Págin a #	Revisado por	Validado por
Control de Acceso (AC)						
3.1.12	Supervisar y controlar sesiones de acceso remoto.					
3.1.13	Emplear mecanismos criptográficos para proteger la confidencialidad de las sesiones de acceso remoto.					
3.1.14	acceso remoto ruta a través de puntos de control de acceso gestionados.					
3.1.15	Autorizar la ejecución remota de comandos privilegiados y el acceso remoto a la información relevante para la seguridad.					
3.1.16	Autorizar el acceso inalámbrico antes de permitir este tipo de conexiones.					
3.1.17	Proteger el acceso inalámbrico mediante la autenticación y el cifrado.					
3.1.18	Conexión de control de los dispositivos móviles.					
3.1.19	CUI cifrar en los dispositivos móviles.					

3.1.20	Verificar y conexiones de control / limitar a y el uso de sistemas externos.
3.1.21	Limitar el uso de dispositivos portátiles de almacenamiento de organización en los sistemas externos.
3.1.22	CUI de control publicadas o procesa en los sistemas de acceso público.

NOTAS:

_____

_____

_____

_____

_____

_____

_____

_____

control #	Descripción	Método de evaluación*	Document o (Por ejemplo: SSP o la Guía Co. Procedimient o)	Págin a #	Revisado por	Validado por

Concienciación y formación (AT)

3.2.1	Asegúrese de que los gerentes, administradores de sistemas y usuarios de sistemas de información de la organización sean conscientes de los riesgos de seguridad asociados con sus actividades y de las correspondientes políticas, normas y procedimientos relacionados con la seguridad de los sistemas de información de la organización.					
3.2.2	Asegúrese que el personal de la organización reciban la formación adecuada para llevar a cabo sus funciones y responsabilidades relacionadas con la seguridad de la información asignada.					
3.2.3	Proporcionar una formación de conciencia de seguridad en el reconocimiento y la presentación de informes de indicadores potenciales amenazas internas.					

NOTAS:

_____

_____

_____

_____

_____

control #	Descripción	Método de evaluación*	Documento (Por ejemplo, SSP o la Guía Co. Procedimiento)	Págin a #	Revisado por	Validado por
Auditoría y Responsabilidad (AU)						
3.3.1	*Crear, proteger y conservar los registros de auditoría de sistemas de información en la medida necesaria para permitir el seguimiento, el análisis, la investigación y la presentación de informes de la actividad del sistema de información ilegal, no autorizado, o inapropiada.*					
3.3.2	*Asegurar que las acciones de los usuarios del sistema de información individuales se pueden rastrear de forma única a los usuarios para que puedan ser responsables de sus acciones*					
3.3.3	*Revisión y actualización auditado eventos.*					
3.3.4	*Alerta en caso de un fallo de proceso de auditoría.*					
3.3.5	*Correlacionar examen de auditoría, análisis y procesos de información para investigación y respuesta a las indicaciones de actividad inapropiada, sospechoso, o inusual.*					
3.3.6	*Proporcionar una reducción de auditoría y generación de informes para apoyar bajo demanda análisis e informes.*					

3.3.7	*Proporcionar una capacidad de sistema de información que compara y sincroniza los relojes internos del sistema con una fuente autorizada para generar marcas de tiempo para los registros de auditoría.*
3.3.8	*Proteger la información de auditoría y herramientas de auditoría del acceso no autorizado, modificación y eliminación.*
3.3.9	*Limitar la funcionalidad de gestión de auditoría a un subconjunto de usuarios privilegiados.*

NOTAS:

_____

_____

_____

_____

_____

_____

control #	Descripción	Método de evaluación*	Documento (Por ejemplo, SSP o la Guía Co. Procedimiento)	Págin a #	Revisado por	Validado por

Gestión de la Configuración (CM)

3.4.1	*Establecer y mantener configuraciones de referencia e inventarios de los sistemas de información de la organización (incluyendo hardware, software, firmware y documentación) a través de los respectivos ciclos de vida de desarrollo de sistemas.*					
3.4.2	*Establecer y hacer cumplir los valores de configuración de seguridad de los productos de tecnología de la información empleadas en los sistemas de información de la organización.*					
3.4.3	*Pista, revisar, aprobar / desaprobar, y cambios de auditoría de sistemas de información.*					
3.4.4	*Analizar el impacto en la seguridad de los cambios antes de su implementación.*					
3.4.5	*Definir, documentar, aprobar y hacer cumplir las restricciones de acceso físicos y lógicos asociados con cambios en el sistema de información.*					
3.4.6	*Emplear el principio de menor funcionalidad mediante la configuración del sistema de información para proporcionar capacidades únicas esenciales.*					
3.4.7	*Restringir, desactivar, y evitar el uso de programas, funciones no esenciales, puertos, protocolos y servicios.*					
3.4.8	*Aplicar negar por excepción de orden (lista negra) para evitar el uso*					

	de software no autorizado o negar todo, permitir-por-excepción de orden (lista blanca) para permitir la ejecución de software autorizado.
3.4.9	*El control y el monitor fácil de instalar software.*

NOTAS:

_____

_____

_____

_____

_____

control #	Descripción	Método de evaluación*	Documento (Por ejemplo, SSP o la Guía Co; Procedimiento)	Págin a #	Revisado por	Validado por
La identificación y autenticación (IA)						
3.5.1	*Identificar a los usuarios del sistema de información, procesos que actúan en nombre de los usuarios o dispositivos.*					
3.5.2	*Autenticar (o verificar) las identidades de los usuarios, procesos o dispositivos, como requisito previo para permitir el acceso a los sistemas de información de la organización.*					
3.5.3	*Utilizar la autenticación de factores múltiples para el acceso local y la red para cuentas privilegiadas y para el acceso a la red a las cuentas no privilegiadas.*					
3.5.4	*Emplear mecanismos de autenticación de repetición resistente para el acceso a la red a cuentas privilegiadas y no privilegiados.*					
3.5.5	*Evitar la reutilización de identificadores para un período definido.*					
3.5.6	*Desactivar identificadores después de un período definido de inactividad.*					
3.5.7	*Imponer una complejidad mínima de la contraseña y el cambio de los caracteres cuando se crean nuevas contraseñas.*					
3.5.8	*Prohibir la reutilización de contraseñas para un número determinado de generaciones.*					
3.5.9	*Permitir el uso de contraseña temporal para los inicios de sesión del sistema con un*					

	cambio inmediato a una contraseña permanente.
3.5.10	*Almacenar y transmitir única representación cifrado de contraseñas.*
3.5.11.	*retroalimentación oscura de la información de autenticación.*

NOTAS:

_____

_____

_____

_____

_____

_____

_____

control #	Descripción	Método de evaluación*	Documento (Por ejemplo, SSP o la Guía Co. Procedimiento)	Página #	Revisado por	Validado por
Respuesta a incidentes (IR)						
3.6.1	*Establecer una capacidad de manejo de incidente de funcionamiento para los sistemas de información de organización que incluye la preparación adecuada, la detección, el análisis, la contención, la recuperación y las actividades de respuesta de usuario.*					
3.6.2	*Realizar un seguimiento, documentar y reportar los incidentes a las autoridades apropiadas y / o las autoridades tanto internos como externos a la organización.*					
3.6.3	Probar la capacidad de respuesta a incidentes de organización.					

NOTAS:

_____

_____

_____

_____

_____

control #	Descripción	Método de evaluación*	Documento (Por ejemplo, SSP o la Guía Co. Procedimiento)	Página #	Revisado por	Validado por

Mantenimiento (MA)

control #	Descripción					
3.7.1	*Realizar el mantenimiento de los sistemas de información de la organización.*					
3.7.2	*Proporcionar un control eficaz de las herramientas, técnicas, mecanismos y personal utilizado para llevar a cabo el mantenimiento del sistema de información.*					
3.7.3	equipos garantizar eliminado debido a que el mantenimiento fuera de las instalaciones es limpiada de cualquier CUI.					
3.7.4	*Compruebe medios que contienen programas de diagnóstico y de prueba para el código malicioso antes de utilizar los medios de comunicación en el sistema de información.*					
3.7.5	*Requerir autenticación de múltiples factores para establecer sesiones de mantenimiento no locales a través de conexiones de red externas y poner fin a este tipo de conexiones no local cuando el mantenimiento se ha completado.*					
3.7.6	*Supervisar las actividades de mantenimiento de personal de mantenimiento sin autorización de acceso requerido.*					

NOTAS:

control #	Descripción	Método de evaluación*	Documento (Por ejemplo, SSP o la Guía Co. Procedimiento	Págin a #	Revisado por	Validado por

Protección medios (MP)

control #	Descripción					
3.8.1	*Proteger (es decir, controlar físicamente y almacenar de forma segura) medios sistema de información que contiene CUI, tanto en papel como digital.*					
3.8.2	*Limitar el acceso a los medios de comunicación en CUI sistema de información a los usuarios autorizados.*					
3.8.3	*Desinfectar o destruir los medios de comunicación del sistema de información que contienen CUI antes de su eliminación o liberación para su reutilización.*					
3.8.4	*Media Mark con marcas CUI necesarias y las limitaciones de distribución.*					
3.8.5	*Control de acceso a medios que contienen CUI y mantener la responsabilidad para los medios durante el transporte fuera de las áreas controladas.*					
3.8.6	*Implementar mecanismos criptográficos para proteger la confidencialidad de CUI almacenada en medios digitales durante el transporte a menos que de otra manera protegida por medidas de seguridad físicas alternativas.*					

3.8.7	*Control de la utilización de medios extraíbles en los componentes del sistema de información.*
3.8.8	*Prohibir el uso de dispositivos portátiles de almacenamiento cuando tales dispositivos no tienen dueño identificable.*
3.8.9	*Proteger la confidencialidad de CUI copia de seguridad en los lugares de almacenamiento.*

NOTAS:

_____

_____

_____

_____

_____

_____

control #	Descripción	Método de evaluación*	Documento (Por ejemplo, SSP o la Guía Co. Procedimiento.)	Página #	Revisado por	Validado por
Personal de Seguridad (PS)						
3.9.1	*individuos de pantalla antes de autorizar el acceso a los sistemas de información que contienen CUI.*					
3.9.2	*Asegúrese de que CUI y sistemas de información que contienen CUI están protegidos durante y después de las acciones de personal tales como terminaciones y transferencias.*					

NOTAS:

_____

_____

_____

_____

_____

_____

_____

_____

control #	Descripción	Método de evaluación*	Documento (Por ejemplo, SSP o la Guía Co. Procedimiento)	Págin a #	Revisado por	Validado por
Seguridad Física (PP)						
3.10.1	*Limitar el acceso físico a los sistemas de organización de la información, el equipo y los respectivos entornos operativos a las personas autorizadas.*					
3.10.2	*Proteger y supervisar la instalación física y la infraestructura de apoyo a esos sistemas de información.*					
3.10.3	*visitantes de escolta y monitorear la actividad del visitante.*					
3.10.4	*Mantener registros de auditoría de acceso físico.*					
3.10.5	*Controlar y gestionar los dispositivos de acceso físico.*					
3.10.6	*Hacer cumplir las medidas de salvaguardia para CUI en los sitios de trabajo alternativos (por ejemplo, sitios de trabajo a distancia).*					

NOTAS:

_____

_____

_____

_____

_____

control #	Descripción	Método de evaluación*	Documento (Por ejemplo, SSP o la Guía Co. Procedimiento)	Págin a #	Revisado por	Validado por
Evaluaciones de riesgo (AR)						
3.11.1	*Periódicamente evaluar el riesgo para las operaciones de organización (incluyendo misión, funciones, imagen o reputación), activos de la organización, y los individuos, resultante de la operación de los sistemas de información de la organización y el procesamiento, almacenamiento o transmisión asociada de CUI.*					
3.11.2	*Analizar en busca de vulnerabilidades en el sistema de información y aplicaciones periódicamente y cuando se identifican nuevas vulnerabilidades que afectan al sistema.*					
3.11.3	*Remediar las vulnerabilidades de acuerdo con las evaluaciones de riesgo.*					

NOTAS:

_____

_____

_____

_____

_____

control #	Descripción	Método de evaluación*	Documento (Por ejemplo, SSP o la Guía Co. Procedimiento)	Página #	Revisado por	Validado por
Las evaluaciones de seguridad (SA)						
3.12.1	evaluar periódicamente los controles de seguridad en los sistemas de información de la organización para determinar si los controles son efectivos en su aplicación.					
3.12.2	*Desarrollar e implementar planes de acción diseñado para corregir las deficiencias y reducir o eliminar las vulnerabilidades de los sistemas de información de la organización.*					
3.12.3	Supervisar los controles de seguridad del sistema de información de manera continua para garantizar la eficacia permanente de los controles.					
3.12.4	Desarrollar, documentar y actualizar periódicamente los planes del sistema de seguridad que describen los límites del sistema, los entornos de sistemas de funcionamiento, cómo se implementan los requisitos de seguridad, y las relaciones con o conexiones a otros sistemas.					

NOTAS:

_____

_____

_____

control #	Descripción	Método de evaluación*	Documento (Por ejemplo, SSP o la Guía Co. Procedimiento)	Págin a #	Revisado por	Validado por

Sistemas y Comunicaciones de Protección (SC)

control #	Descripción	Método de evaluación*	Documento	Págin a #	Revisado por	Validado por
3.13.1	*Supervisar, controlar y proteger las comunicaciones de la organización (es decir, la información transmitida o recibida por los sistemas de información de la organización) en los límites externos y los límites internos clave de los sistemas de información.*					
3.13.2	*Emplear diseños arquitectónicos, técnicas de desarrollo de software, y los principios de ingeniería de sistemas que promuevan la seguridad de la información eficaz dentro de los sistemas de información de la organización.*					
3.13.3	*funcionalidad de usuario independiente de la funcionalidad de gestión de sistema de información.*					
3.13.4	*Evitar la transferencia de información no autorizada e involuntaria a través de recursos compartidos del sistema.*					
3.13.5	*Implementar subredes para los componentes del sistema de acceso público que están separadas físicamente o lógicamente de redes internas.*					
3.13.6	*Denegar el tráfico de comunicaciones de red por*					

	defecto y permitir el tráfico de comunicaciones de red por excepción (es decir, negar todo, permiso por excepción).
3.13.7	*Evitar que los dispositivos remotos de establecer simultáneamente conexiones no remotas con el sistema de información y comunicación a través de alguna otra conexión a los recursos en redes externas.*

control #	Descripción	Método de evaluación*	Documento (Por ejemplo, SSP o la Guía Co. Procedimiento)	Págin a #	Revisado por	Validado por
Sistemas y Comunicaciones de Protección (SC)						
3.13.8	*Implementar mecanismos criptográficos para evitar la divulgación no autorizada de CUI durante la transmisión a no ser que de otra manera protegida por medidas de seguridad físicas alternativas.*					
3.13.9	*Terminar conexiones de red asociadas con sesiones de comunicaciones al final de las sesiones o después de un período definido de inactividad.*					
3.13.10	*Establecer y gestionar claves criptográficas para la criptografía empleado en el sistema de información.*					
3.13.11	*Emplear la criptografía FIPS validado cuando se utiliza para proteger la confidencialidad de CUI.*					
3.13.12	*Prohibir la activación a distancia de los dispositivos informáticos de colaboración y proporcionar indicación de dispositivos en uso a los*					

	usuarios presentes en el dispositivo.
3.13.13	*Controlar y supervisar el uso de código móvil.*
3.13.14	*Controlar y supervisar el uso de Voz sobre Protocolo de Internet (VoIP) tecnologías.*
03.13.1 5	*Proteger la autenticidad de las sesiones de comunicaciones.*
3.13.16	*Proteger la confidencialidad de CUI en reposo.*

NOTAS:

_____

_____

_____

_____

_____

_____

_____

_____

control #	Descripción	Método de evaluación*	Document o	Págin a #	Revisado por	Validado por
Sistemas y Integridad de la Información (SI)						
3.14.1	*Identificar, reportar y sistemas de información de la información y corregir los defectos de una manera oportuna.*					
3.14.2	*Proporcionar protección contra código malicioso en lugares apropiados dentro de los sistemas de información de la organización.*					
3.14.3	*Supervisar las alertas de seguridad de sistemas de información y avisos y tomar las acciones apropiadas en respuesta.*					
3.14.4	*Actualizar los mecanismos de protección de código malicioso cuando las nuevas versiones están disponibles.*					
3.14.5	*Realizar análisis periódicos de los análisis del sistema de información y en tiempo real de archivos de fuentes externas como archivos se descargan, abierto o ejecutados.*					
3.14.6	*Supervisar el sistema de información, incluyendo el tráfico de comunicaciones entrantes y salientes, para detectar los ataques y los indicadores de posibles ataques.*					
3.14.7	*Identificar el uso no autorizado del sistema de información*					

NOTAS:

_____

Sobre el Autor

Russo es actualmente el Ingeniero de seguridad de la información dentro del programa del Departamento de Defensa (DOD) F-35 Joint Strike Fighter. Tiene una amplia experiencia en seguridad cibernética y es un experto en el Marco de Gestión de Riesgos (RMF) e Instrucción del Departamento de Defensa 8510 que implementa RMF en todo el Departamento de Defensa y el gobierno federal. Él lleva a cabo tanto una certificación de Sistemas de Información Certificado de Seguridad Profesional (CISSP) y un CISSP en la arquitectura de seguridad de la información (ISSAP). Él tiene una certificación 2017 como Chief Information Security Officer (CISO) de la Universidad de Defensa Nacional, Washington, DC. Se retiró de la Reserva del Ejército de los Estados Unidos en 2012 como Oficial Superior de Inteligencia.

Él es el ex CISO en el Departamento de Educación en la que 2016 dirigió el esfuerzo por cerrar más del 95% de los puntos débiles pendientes de déficit de seguridad cibernética del Congreso de Estados Unidos y el inspector general que abarca ya en cinco años.

Russo es el ex ingeniero de Ciberseguridad mayor apoyo al Centro Médico Funcional Conjunto de Logística de Desarrollo de la Agencia de Salud Defensa (DHA) en Fort Detrick, Maryland. Se dirigió un equipo de profesionales de la ingeniería y de seguridad cibernética que protegen cinco principales sistemas de logística médica de apoyo más de 200 médicos del Departamento de Defensa instalaciones de tratamiento en todo el mundo.

En 2011, el Sr. Russo fue certificado por la Oficina de Administración de Personal como un graduado del programa Candidato ejecutivo superior.

Desde 2009 hasta 2011, el Sr. Russo fue el director de tecnología de la Administración de Pequeños Negocios (SBA). Se dirigió a un equipo de más de 100 profesionales de TI en el apoyo a una infraestructura y las operaciones de seguridad intercontinental de TI de las empresas que abarcan zonas 12 en tiempo; desplegó tecnologías de última generación para mejorar las operaciones comerciales y de intercambio de información de la SBA de apoyo a la comunidad de pequeños negocios. Russo fue el primer programa ejecutivo (PEO) / director de programas en la Oficina de Inteligencia y Análisis en la Sede, Departamento de Seguridad Nacional (DHS), Washington, DC. Russo fue el responsable del desarrollo y despliegue de sistemas seguros de apoyo de información e inteligencia para OI y respuestas para incluir aplicaciones y sistemas de software para mejorar la misión del DHS.

Tiene una Maestría en Ciencias de la Universidad de Defensa Nacional de Información del Gobierno en la dirección con una concentración en materia de ciberseguridad y una Licenciatura en Ciencias Políticas con especialización en Estudios rusos de la Universidad de Lehigh. Él lleva a cabo la certificación de Nivel III de Adquisiciones de Defensa de Gestión de Programas, Tecnología de la

Información, e Ingeniería de Sistemas. Ha sido miembro del Cuerpo de Adquisición del Departamento de Defensa desde el año 2001.

EPÍLOGO

Un año después de la violación OPM datos, ¿qué ha aprendido el Gobierno?

"... La agencia requiere ahora a los empleados a utilizar Autenticación de dos factores para iniciar sesión en sus ordenadores, es decir, una contraseña y una tarjeta de seguro. Los empleados ya no pueden acceder a su

Gmail ® cuentas de sus ordenadores de oficina. La OPM también ha puesto en marcha nuevas herramientas para detectar malware. ... [E] l gobierno puede ver todos los dispositivos conectados a sus redes, así como supervisar los datos en movimiento dentro y fuera del sistema
".

(FUENTE: https://www.npr.org/sections/alltechconsidered/2016/06/06/480968999/one-year-after-opm-data-breach-what-has-the-government-learned)

www.ingramcontent.com/pod-product-compliance
Lightning Source LLC
LaVergne TN
LVHW022347060326
832902LV00022B/4293